Séverin CAILLOT

CUBA LIBRE

Chez PAILLET et GODEFROID

A REIMS

CUBA LIBRE

Séverin CAILLOT

———

CUBA LIBRE

———

Chez PAILLET et GODEFROID

A REIMS

CUBA LIBRE

I

L'OPINION PUBLIQUE ET CUBA

Depuis quelque temps, l'opinion publique s'est fort préoccupée des événements dont l'île de Cuba est actuellement le théâtre.

Les revues, les journaux de tous les pays ont donné leur avis sur la question. Les uns ont soutenu et soutiennent encore les prétentions des Cubains autonomistes et séparatistes, un petit nombre seulement a osé émettre des doutes sur l'avenir qui pouvait être réservé à une République Cubaine.

Les mécontents ont publié mémoires sur mémoires pour justifier leurs idées, ils ont cherché par tous les moyens à impressionner favorablement les puissances européennes. Au nom de la Liberté, ils se sont adressés aux États-Unis et à tous les États qui vivent sous le régime républicain.

Nous n'avons pas la prétention de nous ériger en juge dans cette révolte d'une colonie contre sa métropole, nous éviterons même de nous engager sur ce terrain brûlant.

Cependant, nous nous sommes demandé quelle était la part de vérité qui rentrait dans les réclamations des Cubains contre l'Espagne.

Nous avons cru y trouver beaucoup d'exagération et nous avons cherché à résumer en quelques pages les réponses qu'on pouvait adresser aux mécontents; non au point de vue moral, sous ce rapport on pourrait verser des flots d'encre sans arriver à une solution, mais au point de vue pratique.

L'Espagne opprime Cuba, la ruine par son administration! tel est le cri des partisans de l'indépendance. — Séparons-nous de la métropole et l'île n'en sera que plus prospère !

Quels sont les éléments de prospérité d'un pays ? Le commerce et l'industrie.

Or, nous constatons que le commerce n'a fait que croître sous l'influence espagnole, nous établissons par des chiffres cette progression ; nous constatons d'autre part que les anciennes colonies qui ont repris leur indépendance, ou bien ne produisent qu'une minime partie de ce qu'elles pourraient produire, ou bien végètent et s'endettent de jour en jour.

A Cuba même, les commerçants et industriels, ceux-là qui ont entre les mains les éléments de prospérité de l'île, sont dévoués au gouvernement espagnol.

Une enquête plus approfondie s'imposait donc pour se rendre compte des motifs qui ont poussé les Cubains ou plutôt certains Cubains à s'insurger contre l'Espagne.

Ces motifs, un esprit non prévenu, ne rejetant pas par intransigeance l'idée du gouvernement monarchique, les trouve dans l'action continuelle, occulte d'abord, presque publique aujourd'hui, qu'une grande puissance voisine exerce sur la grande colonie espagnole.

Les États-Unis, pourquoi ne pas les nommer, puisque de récentes nouvelles reçues d'Amérique annoncent qu'ils veulent démasquer leurs batteries, sont les véritables instigateurs de tous les désordres qui se produisent à Cuba.

Quand bien même ils continueraient à rester dans la coulisse, l'histoire de l'île depuis un demi-siècle suffit à mettre au jour leurs agissements, à prouver, ce qui ne devrait être douteux pour personne, que les États-Unis ont toujours désiré annexer cette colonie si

riche, cette escale naturelle entre les deux
Amériques.

Qu'on ne croie pas que nous voulons ici faire
acte de polémique ! Non ! Mais l'opinion publique s'égare souvent et nous sommes persuadé
de faire acte de justice en cherchant à prouver
tout ce que l'Espagne a fait pour Cuba, à quel
point de prospérité elle a amené cette île et
combien grande est la responsabilité de ceux
qui, leurrés par des promesses, essayent de ruiner
une population de plus d'un million et demi
d'habitants.

Qu'ils regardent autour d'eux, qu'ils comparent
leur sort à celui des Républiques du centre Amérique : comme elles ils deviendront la proie du
commerce étranger. Supposons que le parti révolutionnaire actuel triomphe, aussitôt naîtra un
autre parti plus révolutionnaire encore et Cuba
nous offrira le spectacle de ces luttes incessantes
qui la ruineront d'autant plus vite que sa richesse
consiste dans la production du sol et que les
récoltes seront nécessairement détruites dans ces

guerres civiles, comme elles le sont aujourd'hui par les insurgés.

Aussi, croyons-nous fermement que l'avenir de Cuba réside dans son union plus grande encore, s'il est possible, avec l'Espagne.

L'île de Cuba est trop petite pour constituer un État indépendant pouvant se défendre lui-même contre tous les appétits qu'il fera naître autour de lui.

Il lui faut un appui, cet appui elle s'en est servi jusqu'à ce jour; elle lui a demandé son or, son sang, l'Espagne ne les lui a pas ménagés.

II

ORIGINES DE L'OCCUPATION ESPAGNOLE

CONQUÊTE

———

Nous n'avons pas l'intention de faire ici une histoire de l'île de Cuba ; cependant il est nécessaire pour se rendre compte de l'importance de cette île, nommée à juste titre la Perle des Antilles, d'étudier succinctement de quelle manière elle est venue sous la domination espagnole et l'évolution qu'elle a subie jusqu'à l'époque actuelle, dans son commerce, son industrie et ses institutions.

L'île de Cuba a été découverte vers le soir du 27 Octobre 1492, par Christophe Colomb, qui y débarqua le lendemain, à l'embouchure de la rivière Maxima, dans la baie de Sabinal, qu'il appela ensuite San Salvador (1). Colomb donna d'abord à l'île le nom de Juana ; plus tard Velasquez l'appela Ferdinanda ; cependant le nom de Cuba que lui donnaient les indigènes lui est resté.

Colomb l'explora plus complètement dans un second voyage, mais il conserva toujours l'illusion que Cuba n'était qu'une partie du continent ; son voyage de 1502 ne réussit même pas à dissiper ce doute (2). Colomb avait pris Cuba pour la fameuse Cipango de Marco-Polo.

L'erreur de Colomb ne fut pas partagée par tous les navigateurs de ce temps, car Jean de la Cosa, sur une carte manuscrite qu'il dressa en 1500, au port de Sainte-Marie, figure Cuba comme une île. Cependant, en 1508, Las Cases écrivant au commandeur Ovando, disait : « On ne sait pas encore si c'est une île ou bien la terre ferme ».

A l'embouchure de la rivière où débarqua

____

(1) *La Reine des Antilles.* Cte d'Hespel d'Harponville. Paris 1850.
(2) *Colombo.* Tome xi, page 1046.

Colomb se trouvaient, parallèlement à la côte et à une distance relativement courte, plusieurs îles, de telle sorte qu'il lui sembla naviguer dans un canal ombragé par la luxuriante végétation des tropiques, aussi surnomma-t-il cet endroit les « Jardinillos » ou Jardin de la Reine.

L'impression produite sur les premiers blancs débarquant à Cuba ne saurait mieux être décrite que par la narration officielle de la découverte.

« Jamais spectacle plus beau ne s'était montré aux hommes ; la rivière était bordée d'arbres verts, magnifiques et différents des nôtres, tout chargés de fleurs et de fruits.

» On entendait le doux gazouillement d'une multitude d'oiseaux ; d'innombrables palmiers aux feuilles larges et ondulées, mais d'une autre espèce que ceux de Guinée et de notre Espagne, s'élevaient de toutes parts.

» L'amiral sauta dans la barque pour prendre terre ; l'herbe aux alentours était aussi haute qu'en

Andalousie aux mois d'avril et mai. Colomb fit avancer ses caravelles vers le haut de la rivière et ce fut pour lui une joie nouvelle en voyant cette verdure si fraîche, ces masses de grands arbres, ces jolis oiseaux qui charmaient ses regards (1).

» Rien n'est plus beau que cette île, écrivait lui-même Colomb ; ses côtes offrent une infinité d'excellents ports et de rivières profondes ; la mer qui les entoure doit être toujours tranquille puisque l'herbe des plages croît jusqu'au bord de l'eau.

» Une partie de l'île est couverte de collines de moyenne grandeur ; dans l'autre partie dominent des montagnes hautes et abruptes comme celles de la Sicile. De fraîches brises embaument l'air de la nuit et l'on jouit dans ce climat de la plus douce température........ La langue ne suffit pas pour raconter, disait Colomb à ses compagnons, ni ma main pour écrire les merveilles de ce pays (2) ».

---

(1) *La Sagra.* Histoire physique, politique de l'île de Cuba. Paris 1844.
(2) *La Sagra.*

Nous avons dit plus haut qu'en 1508 des doutes s'élevaient encore sur l'isolement de Cuba de tout continent ; pour trancher une bonne fois la question, le commandeur Nicolas Ovando chargea Sébastien Ocampo de l'exploration intérieure de la nouvelle conquête, ainsi que d'un voyage de circumnavigation.

On reconnut alors la valeur de Cuba et on décida de la coloniser.

En 1511, Diégo Velasquez partit de Haïti ou Hispaniola à la tête d'une expédition ; il débarqua à Santiago avec 300 hommes et 4 navires et y prit pied après avoir vaincu la courte résistance que lui opposa le cacique Hatoney.

Velasquez fonda les plus anciennes villes de l'île de Cuba :

Baracoa (Nuestra Senora de la Ascencion), Bayamo, Trinitad, Santo-Espiritu, Puerto-Principe, Santiago de Cuba, San Cristobal. Cuba servit de point de départ pour l'expédition du

Mexique. Après cette conquête et l'exploration de la Floride, San Cristobal devint la Havane et grâce à son admirable situation, à la position militaire de premier ordre qu'elle constituait, détrôna comme capitale Santiago de Cuba.

L'histoire de Cuba peut être divisée en trois parties : 1° La Conquête; 2° Une période de transition qui va jusqu'à la fin du XVIIIe siècle et qui ne comporte que peu de faits intéressants au point de vue économique. Cette période ne comprend en effet que l'histoire des incursions, des flibustiers et des corsaires; 3° La période actuelle, que l'on peut appeler la période de prospérité de l'île.

En 1538, des corsaires français détruisent la Havane et Hernando de Soto la reconstruit.

Dès 1560, la Havane devient capitale de l'île en raison de la résistance qu'elle offre aux flibustiers, par suite de son admirable situation.

En 1584, la Havane est une place forte, complètement à l'abri de toute surprise et en 1633 elle devient le siège d'un gouvernement séparé.

Le XVIIe siècle ne rappelle dans son ensemble que les luttes journalières avec les flibustiers ; il faut arriver au XVIIIe siècle pour constater un commencement de colonisation, voir s'élever des plantations de cannes à sucre et se rendre compte de l'importance future de la culture du tabac.

Enfin après la guerre de Sept ans, les Anglais venaient de conquérir la Martinique lorsqu'ils projetèrent une grande expédition contre Cuba en 1762.

L'amiral Pococke et Albemarle, à la tête de 15,000 hommes et 44 navires, vinrent mettre le siège devant la Havane, qui, malgré l'héroïque défense de son gouverneur, Juan de Prado de Porto Carero, capitula le 13 août 1762, après un mois de blocus.

Les Anglais reçurent l'année suivante, la

Floride, en échange de la partie de l'île qu'ils avaient gardée et évacuèrent Cuba.

En 1765, l'Espagne proclama la liberté du commerce et c'est de cette époque que date la prospérité de l'île ; c'est le point de départ de sa richesse.

La liberté du commerce ne fut pas accordée, il est vrai, sans quelques tiraillements ; mais il faut remarquer que les difficultés qui surgirent à ce sujet ne furent pas particulières à l'Espagne.

En France, après les actes de 1769 et 1784, une vive discussion s'est élevée également au sujet de la suppression du monopole des grandes Compagnies.

Ce monopole avait été réprouvé par la plupart des penseurs de Bodin à Vauban. Le XVIIe siècle avait déjà posé et résolu la question théoriquement ; le XVIIIe siècle devait donner la première solution pratique (1), mais les Compagnies avaient

____

(1) Léon Deschamps. *Histoire de la Question coloniale en France.*

encore leurs partisans. Le maire de Lorient, répondant à une requête de la chambre de commerce de Bordeaux en 1775, ne craignit pas de dire : « L'expérience confirme tous les jours l'erreur où » l'on est tombé en détruisant les Compagnies (1)». Montesquieu était du même avis et trouvait les grandes Compagnies toutes naturelles.

La liberté du commerce était réclamée par les commerçants de l'intérieur du territoire ; les plus ardents défenseurs du monopole étaient naturellement les armateurs, surtout ceux de Bordeaux. Chacun avait des arguments à faire valoir.

L'Encyclopédie donnait la formule bien nette de l'idée qu'on se faisait alors des colonies : « Les colonies sont formées par la métropole et pour la métropole ».

Enfin, les défenseurs du monopole avaient ainsi résumé leurs raisons : « Les colonies n'ont été établies, n'ont été protégées et ne le sont encore

---

(1) Mémoires de Bachimont, VIII, 12.

que pour donner de l'extension au commerce,
à l'agriculture, aux fabriques et à la navigation
du royaume ; elles doivent donc rester dans la
dépendance de la métropole qui leur a donné
des lois, qui les a peuplées de citoyens, qui leur
a fait les premières avances en terres et en
bras pour les cultures et qui les défend par ses
armes (1) ».

Les partisans de la liberté du commerce objec-
taient à ces raisons pratiques des raisons de haute
morale et d'économie politique, qui finirent par
triompher.

La liberté commerciale ne fut proclamée par
l'Espagne qu'à la suite de tiraillements de même
nature que ceux que nous venons de constater
pour la France.

Quoiqu'il en soit, à partir de 1773, la Havane
est le grand marché d'esclaves de l'Amérique et
en 1777 forme une capitainerie particulière.

---

(1) Collection des Mémoires généraux, Archives coloniales, tome XX, n° 8.

Cuba profita dans une certaine mesure de la Révolution française, car un grand nombre de planteurs de Saint-Domingue vinrent s'y installer et la firent profiter de l'expérience acquise par eux dans leurs plantations et exploitations, ainsi que des capitaux qu'ils apportaient à leur nouvelle patrie.

C'est également de cette époque que date l'introduction de la culture du café.

A la fin du xviiie siècle, Cuba est outillée pour produire et nous verrons plus loin comment elle a su profiter de la fertilité de son sol.

———

III

FORMATION DE LA POPULATION DE L'ILE

ETHNOGRAPHIE

L'île de Cuba renferme des échantillons des races rouge, blanche, noire et jaune.

La plus ancienne est naturellement la race rouge, mais c'est aussi celle qui compte le moins de représentants.

Au moment de la découverte de l'Amérique, la population indigène était assez nombreuse ; quelques auteurs l'ont évaluée à un million, mais ce chiffre est évidemment exagéré et on admet communément aujourd'hui qu'au moment de la conquête de Cuba, sa population était de 200,000 habitants, répartie en 29 provinces, placées chacune sous l'autorité d'un cacique.

Ils étaient de la race des Peaux-Rouges et portaient le nom d'Aravacos; c'était une population paisible qui craignait fort les Caraïbes, leurs turbulents voisins des Antilles.

Cuba était certainement habitée depuis très longtemps, car on y a découvert des traces de la civilisation la plus reculée.

Dans la province orientale semblait se trouver le centre de la civilisation de l'île, car on y a retrouvé en assez grand nombre des haches de diorite et de serpentine appartenant à l'époque de la pierre polie (1).

D'où venaient les Cubains ? Telle est la question que se sont posée beaucoup d'auteurs. Il est certain d'autre part qu'à l'exception des sauvages

______

(1) Reclus, t. xvii, p. 672.

Guanataveis ou Guanahatabibes, qui étaient cantonnés dans la péninsule occidentale près du cap San Antonio, les Cubains parlaient la même langue que les Yucahos de Bahama, de Haïti et de la Jamaïque (1).

Or les noms des lieux que les conquérants citèrent à Espanola étaient partiellement en langue arouaque; comme les Arouaques habitaient sur les rives du Surinam et dans les hautes vallées de la Sierra-Nevada de Santa Marta, on peut en conclure que les Cubains étaient des Arouaques venus de l'Amérique du Sud (2).

A partir de la Conquête, cette première population diminua rapidement.

En 1517, elle ne comptait plus que 14,000 individus du sexe mâle et en 1533 il n'en restait presque plus.

______

(1) Bernard Diaz del Castillo. *Historia verdadera de la Conquista de Nueva Espana.*

(2) Robert Schomburgk : *Nouvelles Annales des Voyages,* tome III. — Brinton : *Année géographique 1872.*

Les femmes aborigènes restées dans l'île s'al-
lièrent avec les nouveaux colons et on peut affirmer que certains Cubains ont du sang Peau-Rouge
dans les veines.

Le type primitif s'est cependant maintenu à peu
près pur dans les montagnes de la région orientale
de l'île, vers Tigualéo.

Sauf ces quelques exceptions, la population
actuelle descend des blancs immigrés depuis 1511
et des nègres importés d'Afrique depuis 1542 et
peut se diviser en Continentaux, en Créoles, en
Nègres et en Mulâtres.

Les Créoles présentent des groupes ethniques
différents, suivant leurs origines ; les Castillans et
les Canariotes forment le noyau principal ; à
l'Ouest, on trouve surtout des descendants des
Galiciens et des Basques ; à Matanzas et ses environs on rencontre beaucoup d'Anglo-Américains ;
enfin dans la partie Est de l'île on se trouve en
présence du type Français, le plus nombreux
après le type Espagnol dans l'île de Cuba :

Ce sont les descendants des Français émigrés de Saint-Domingue au moment de la Révolution de 1789.

Les nègres sont très nombreux ; en 1882, on en comptait 489,249 que l'on divise en Morenos et en Pardos ou mulâtres.

Les noirs originaires de l'Afrique ne constituent pas un groupe ethnique bien distinct, et cela est compréhensible si l'on se rend compte que les Négriers les amenaient de tous les points du continent noir et qu'un Mozambique pouvait être couplé avec un Congolais.

Les enfants de ces nègres ou bozales se sont croisés entre eux et ont produit les nègres appelés Ladinos.

Il ne faut pas croire que l'importation des nègres à Cuba ait pris vite un grand développement. La Havane était un grand marché d'esclaves, mais l'île ne comptait que 44,333 esclaves. Par suite du développement de l'industrie sucrière et de la culture du tabac, ce nombre s'éleva en 1841 à 436,495 noirs.

Les conditions dans lesquelles se trouvaient, à Cuba, les esclaves étaient de beaucoup supérieures à celles que l'on faisait aux noirs en esclavage dans les colonies françaises et anglaises.

Pendant tout le temps que la période de servitude a duré à Cuba, les esclaves jouissaient librement des quatre droits, c'est-à-dire :

1º Ils avaient le droit de se marier à leur convenance ;

2º Ils pouvaient se chercher un nouveau maître quand le premier était trop dur.

3º Il leur était loisible de racheter leur liberté par le travail ;

4º Ils avaient le droit d'acquérir une propriété leur permettant, au cas échéant, de pouvoir libérer leur famille.

Les esclaves pouvaient également se racheter moyennant une somme de 2,500 francs et les mères pouvaient préserver leur fils de l'esclavage par le versement de 150 francs.

Ces dispositions étaient réellement appliquées, car de 1841 à 1869, le nombre des esclaves s'est abaissé de 436,495 à 376,553, diminuant ainsi de 57,000 environ, tandis que d'autre part le nombre des hommes de couleur, libres, primitivement de 589,300 en 1841, s'élevait à 602,396, augmentant ainsi de 13,000.

C'est à partir de 1847 que, devant l'indolence et le prix de main-d'œuvre des noirs libérés, on fut obligé d'importer à Cuba des coolies chinois qui, en 1882, s'élevaient déjà au nombre de 43,811 (1).

Il est facile de prouver par des chiffres que l'esclavage a été humain à Cuba. En effet (2), le recensement de 1827 donne pour une population totale de 704,487 habitants les proportions suivantes :

----

(1) E. Reclus, tome XVII.

(2) Don J.-A. Saco, p. 19. Vasquez Queipo. Rapport du fiscal traduit par Arthur d'Avrainville.

1829. Blancs,   311,051,   44 o/o
      Libres de couleur, 106,494,   15 o/o
      Esclaves,   286,942,   41 o/o

Le recensement de 1842 donne (toujours d'après les mêmes sources) pour une population totale de 1,007,624 habitants :

1842. Blancs,   418,291,   42 o/o
      Libres de couleur, 152,838,   15 o/o
      Esclaves,   436,495,   43 o/o

Ce qui revient à dire que le rapport des hommes libres de couleur n'ayant pas varié, la différence entre les blancs et les noirs esclaves a varié de 4 o/o, et il faut remarquer que ces derniers chiffres se rapportent à la période la plus fructueuse de la culture de la canne à sucre, celle par conséquent où les planteurs ont eu besoin du plus grand nombre de bras.

On peut d'ailleurs prouver, par les chiffres donnés par les recensements intérieurs, que la proportion d'esclaves n'a jamais beaucoup varié à Cuba, ou du moins progressivement et d'une manière insensible.

Le tableau ci-dessous le prouve (1) :

	1774	1792	1817	1827
Blancs	68 o/o	61 o/o	54 o/o	52 o/o
Esclaves	32 o/o	39 o/o	46 o/o	48 o/o
Diminution des blancs et augmentation des noirs	0.07	0.07	0.02	

On peut prouver, d'autre part, combien peu est comparable la situation des noirs à Cuba et celle qu'ils avaient dans les colonies anglaises et françaises.

A la Jamaïque, de 1834, pour 322,241 esclaves, on ne comptait que 35,000 blancs.

A la Guyane française, la proportion était de 32 contre 1.

Les 18 colonies anglaises comptaient, à la même époque, 639,131 esclaves, 63,410 libres et 75,000 blancs.

---

(1) Rapport de Vasquez Queipo, procureur fiscal, page 12.

Dans les colonies françaises, pour 230,870 blancs on comptait 185,897 esclaves.

Ce qui revient à dire que lorsque à Cuba on comptait pour 100 esclaves 98 blancs, dans les colonies françaises on n'en comptait que 12.5.

Le dernier recensement cité par Vasquez Queipo date de 1846 et donne les résultats suivants :

Blancs,	425,767,	47 o/o
Libres,	149,226,	17 o/o
Esclaves,	323,759,	36 o/o

Aujourd'hui la proportion est bien plus grande encore ; on peut ainsi diviser la population cubaine (1) :

Population totale 1,500,000 habitants ainsi répartis

Espagnols,	977,000
Blancs étrangers,	10,000
Chinois,	44,000
Nègres (environ),	500,000

Cuba a dix fois plus d'Espagnols que les Indes occidentales anglaises n'ont proportionnellement d'Anglais.

Pour compléter, citons le tableau comparatif complet donné par M. Elisée Reclus dans sa Géographie universelle :

	1774	1792	1817	1846	1875
Blancs	96,440	133,559	239,830	895,767	915,000
o/o	56.2	49.2	43.4	65	67.8
Noirs libres .	30,849	54,152	114,058	149,226	220,000
o/o	17.9	20.3	20.6	10.9	16.2
Noirs esclaves	44,333	84,590	199,145	323,759	235,000
o/o	25.9	30.5	36	24.1	16.6
TOTAL . .	171,622	272,301	553,033	1,368,752	1,360,000

Ces chiffres sont probants, la population noire libre s'est élevée en un siècle de près de 200,000 individus, en même temps que la population blanche s'accroissait de plus de 800,000 et que la proportion d'esclaves diminuait.

Quelle puissance européenne peut présenter pour une de ses colonies de pareils résultats ?

---

(1) Léon Sentupery. *L'Europe politique*, 1892-93.

IV

RICHESSES DE L'ILE

LEUR MISE EN VALEUR

Les ressources de Cuba peuvent se diviser en richesses minières et agricoles :

1° Mines. — Au début de la conquête, l'île possédait de l'or, et dans la seule période de 1515 à 1534, elle fournit à l'Espagne environ 260,000 pesos ; mais comme les bordereaux n'ont pas été conservés, on doit admettre que ce chiffre n'est qu'un minimum.

Aujourd'hui l'or a disparu et sauf quelques mines de cuivre exploitées d'ailleurs depuis 1599,

on peut dire qu'il est superflu de faire entrer en
ligne de compte les bénéfices que l'île peut retirer
de son sol.

Les mines de cuivre exploitées donnent annuellement 15 à 20,000 tonnes qui sont expédiées en
Angleterre.

2° AGRICULTURE ET ELEVAGE. — A l'époque
de sa plus grande extension, l'île de Cuba comptait :

3,3oo établissements agricoles (haciendas de
brienza) ;
1,4oo plantations de canne à sucre ;
1,ooo plantations de café ;
9,5oo plantations de tabac (vegos) ;
5,8oo établissements d'élevage de bétail (po-
treros),
Et 22,ooo propriétés rurales (cultures diverses).

Aujourd'hui ce chiffre a un peu baissé.

Dans les savanes et prairies on a fait l'élevage

du bétail, ce commerce était très lucratif et on a
compté jusqu'à :

185,175 chevaux ;
20,284 ânes ou mulets ;
916,131 bœufs ;
60,360 moutons ;
324,639 porcs,

et de nombreuses exploitations d'abeilles.

Mais la vraie richesse de l'île c'est l'agriculture
bien que sur une superficie totale de 112,191 kilomètres carrés, il n'y en ait eu que 9,900 de mis en
culture et 3,300 en prairies.

On doit même admettre pour la superficie totale
un chiffre plus fort ; en y ajoutant les îles de la
côte et l'île de Pinos on arrive, suivant M. Levas-
seur, au chiffre de 123,510 kilomètres carrés.

On cultive à Cuba le maïs, qui donne deux
récoltes par an, et le riz ; on cultive aussi le
manioc, les bananes, le cacao, le coton, le sagou,
l'indigo, mais les cultures qui font la prospérité

de l'île sont celles du sucre, du café et du tabac,
et ce sont les seules dont nous nous occupe-
rons.

1° SUCRE. — La première sucrerie date de 1580
environ, mais cette industrie ne prend véritable-
ment son essor qu'à partir de l'arrivée à Cuba des
réfugiés de Saint-Domingue.

Les chiffres suivants sont plus éloquents que
toutes les meilleures raisons que l'on pourrait faire
valoir :

En 1768, la production totale du sucre fut de
12,540 tonnes.

En 1846 elle était arrivée à 203,785 tonnes de
sucre et 154,805 de mélasse.

En 1868 à 695,000 tonnes de sucre et 266,510
de mélasse.

En 1875 à 718,000 tonnes de sucre et 118,158
de mélasse.

En 1883 à 460,000 tonnes de sucre et 9,800 de
mélasse.

Cette diminution de production provient de la

crise due à l'abolition de l'esclavage et aux impôts élevés établis à cette époque (droit d'exportation de 5o pesos par tonne).

Mais Cuba devait triompher de ces obstacles, et en 1886 la production était remontée à 7oo,ooo tonnes.

Il faut ajouter à ces chiffres la production du rhum qui est annuellement de 15,ooo pipes.

M. de Humbolt, dans son « Essai politique sur l'île de Cuba » paru en 1829 (1), donne sur la culture du sucre des chiffres sensiblement comparables :

De 1790 à 18oo, l'exportation a été de 11o,o91 caisses ;

De 18oo à 1827, l'exportation a été de 234,4o9 caisses.

La caisse était de 4oo livres espagnoles qui valent 16 arrobes ; l'arrobe valait par conséquent

____

(1) Pages 227, 228, tome 1.

25 livres (11 kil. 494), soit un poids de 184 kilogr. par caisse en mesures actuelles.

Les plus grands changements survenus dans les sucreries et plantations ont eu lieu de 1796 à 1800 ; c'est à cette époque qu'on installa les manèges à mulets, puis ce fut le manège à vapeur qui, vers 1825, parut à Cuba pour la première fois.

De 1825 à 1849, le nombre de ces manèges s'éleva de 25 à 450. Aujourd'hui on ne les compte plus, et les manèges électriques tendent déjà à les remplacer.

CAFÉ. — Le café produit annuellement 70,000 arrobes, soit environ 803 tonnes.

Le meilleur est celui de la partie occidentale de l'île (1).

TABAC. — Le tabac est la véritable culture de l'île et la fabrication des cigares est populaire dans le monde entier.

---

(1) Nous reparlerons du café au chapitre des relations commerciales.

La récolte annuelle est d'environ 200,000 balles, le meilleur est celui de la partie ouest de l'île (la Vuelta de Abajo).

Cuba fabrique annuellement 1,800 millions de cigares sur lesquels 200 millions seulement sont exportés.

Les 1,600 autres millions sont fumés à Cuba même et on voit qu'il s'en faut de peu que la consommation locale ne soit supérieure à la production.

On peut même dire que la chose est possible, car Cuba reçoit une grande quantité de tabac du Honduras, qu'elle travaille et exporte à son tour.

Au sujet du tabac, il est curieux de parler de l'étonnement dont furent saisis Christophe Colomb et ses compagnons à la vue d'indigènes se promenant avec une torche d'une main et un paquet de feuilles sèches roulées en forme de cartouche qu'ils portaient à leur bouche et dont ils aspiraient la fumée. Pourtant cet usage devait se répandre plus tard dans le vieux monde et asservir à son tour les descendants des premiers conquérants du tabac.

L'usage de la pipe était déjà connu des indigènes, car ils se servaient de petits tuyaux assemblés en forme d'Y ; dans l'un ils mettaient le cohiba (nom qu'ils donnaient au tabac) et ils aspiraient par l'autre la fumée, éclairés la nuit par des cocuyos.

Bien que ce nom n'ait aucun rapport avec le tabac, il est curieux d'expliquer en quoi consiste ce mode d'éclairage, d'autant plus qu'il subsiste, paraît-il, encore aujourd'hui sur quelques points de l'île.

Les cocuyos étaient de gros scarabées phosphorescents que les Indiens mettaient dans des calebasses percées de trous. La lueur qu'ils répandaient, passant à travers les trous, donnait une lumière tamisée semblable à celle d'une grosse veilleuse.

On vient de voir par ce rapide exposé les richesses que possède l'île de Cuba et comment elles ont été mises en valeur ; plus loin, quand nous parlerons des relations commerciales de l'île, on pourra se rendre compte du rapport produit par ces richesses et des bénéfices énormes qu'elles doivent faire réaliser.

V

RÉSULTATS DE L'INFLUENCE DE L'ESPAGNE

———

1° COMMERCE INTÉRIEUR

Pour bien juger des résultats heureux que l'influence espagnole a produits à Cuba, il est nécessaire d'étudier les moyens mis en œuvre pour assurer les échanges et les transports, d'abord d'un point de la colonie à un autre, puis des ports de la colonie à l'étranger.

Les transports intérieurs ne comprennent naturellement que le transport des marchandises et des voyageurs d'un point de l'intérieur à un point de la côte ou d'un point de la côte à un autre point de la côte.

Il y a donc lieu d'étudier d'abord les moyens mis en œuvre pour améliorer les communications intérieures, puis la navigation au cabotage, la prospérité du commerce dépendant essentiellement des moyens de transport les plus économiques et les plus rapides.

Il y a trois quarts de siècle on ne pouvait guère citer à Cuba qu'une seule route : « Le Camino central » ; les autres voies de communication n'étaient que des chemins défoncés où, selon l'expression d'un auteur (1), on passait par les trente-deux directions de la rose des vents.

Aujourd'hui Cuba est doté d'un beau réseau de chemins de fer.

C'est en 1834 qu'en fut commencée la construction, mais c'est surtout pendant la période 1875-1890 que cette construction fut poussée avec le plus d'ardeur, d'abord dans la partie la plus plane de l'île, c'est-à-dire dans la partie occidentale, puis

____

(1) D'Hespel.

amorcée dans la direction de la portion orientale plus montagneuse.

Les chemins de fer ont doublé non seulement la valeur des propriétés qu'ils traversent, mais encore de toutes celles qui se trouvent à proximité.

Pour se rendre bien compte des avantages faits à l'agriculture par l'établissement des chemins de fer, il suffit de comparer le prix de transport avant et après leur installation (1).

Le transport par le premier chemin de fer de la vallée de Guïnes à La Havane, coûtait en 1830 :

1° Pour le charroi du sucre, 25 o/o ;

2° Pour une pipe d'eau-de-vie valant 15 piastres, on payait 10 piastres ou 67 o/o ;

3° Pour le café, 12 o/o ;

4° Pour le tabac, suivant la valeur des feuilles, 13 à 30 o/o ;

5° Pour la mélasse, 30 o/o.

____

(1) D'Hespel, 420 et suiv.

Et naturellement ces prix augmentaient pour les endroits plus éloignés des ports.

C'est aux frais de l'administration que fut construit le premier chemin de fer de La Havane à Guïnes et de là à La Union sur une longueur de 88 milles espagnols.

Cette ligne fut ensuite vendue 3,500,000 piastres à une compagnie anonyme qui s'engagea à construire les embranchements de San Antonio et de Guanajay, livrés à la circulation le 1er août 1847.

Le premier chemin de fer revint à 28,000 piastres par mille, les autres coûtèrent environ 17,000 piastres ; à la même époque les chemins de fer revenaient aux Etats-Unis à 20,000 piastres le mille.

En 1847, la nouvelle compagnie possédait 15 locomotives, 29 voitures de différentes classes pouvant contenir 1,550 voyageurs et 500 wagons qui pouvaient transporter 3,000 tonneaux.

En 1849, ces locomotives ont parcouru 184,312 milles espagnols, traîné 60,531 wagons de marchandises et 8,627 voitures.

Le nombre des voyageurs transportés s'élevait au chiffre de 161,886 et le prix payé par eux était de 251,000 piastres.

Le transport des marchandises avait rapporté 306,927 piastres et avait consisté notamment en :

3,009 pipes d'eau-de-vie de canne ;

76,886 caisses de sucre ;

67,501 sacs de café ;

4,845 boucauts de mélasse ;

56,985 tercios de tabac.

Le chemin de fer à cette époque comprenait un parcours à peu près double de la ligne initiale La Havane-Guïnes ; on peut donc admettre que le prix de transport des marchandises, évalué à 306,927 piastres, eût été diminué de moitié si toutes les marchandises n'avaient effectué qu'un transport moitié moindre : le chemin de Guïnes à

La Havane ; en sorte que le produit du transport
des marchandises citées plus haut eût été pour
cette distance de 153,464 piastres environ.

Il est curieux de se rendre compte du prix
qu'eussent coûté certaines des denrées expédiées
sous le tarif du transport par voie de terre. On
se fera ainsi une idée des avantages qui ont résulté
pour les Cubains des chemins de fer établis par
l'Espagne.

La caisse de sucre pesait 16 arrobes et l'arrobe
valait 5 réaux 1/6, plus la valeur de la caisse,
26 réaux, d'où un total de 108.5 réaux.

La piastre vaut 8 réaux forts, ce qui équivaut
à dire que la caisse de sucre valait 13 P. 5 ; or, à
cette époque (1830), le prix de transport était de
25 o/o, soit 3 P. 37, et pour les 76,886 caisses
transportées en 1849, le prix de transit eût été de
259,105 P. 82, soit pour le transport par terre du
sucre seul plus que pour le transport de l'ensemble
de toutes les marchandises ayant emprunté les
voies ferrées.

L'un dans l'autre, on peut affirmer que les nouveaux moyens de traction avaient réduit de plus de moitié les prix des transports.

Il est facile de se rendre compte également du rang qu'occupait en 1850 l'île de Cuba parmi les pays faisant déjà usage des chemins de fer, pays d'Europe et d'Amérique :

1° Europe (lieues de 20 au degré) :

Allemagne,	1,014 9/10
Angleterre,	680
France,	407 9/10
Belgique,	139 4/10
Pologne,	51
Italie,	50 8/10
Hollande,	44 1/10
Hongrie,	39 6/10
Danemark,	32 9/10
Russie,	12
Espagne,	5
Suisse,	3 4/10

2° Amérique (lieues de 20 au degré) :

Etats-Unis,	2,316 3/10
Canada,	419 7/10
Cuba,	100
Jamaïque,	20

L'île de Cuba prenait donc rang immédiatement après la Belgique, devançant même sa métropole qui la favorisait à son détriment.

Ce parallèle fait le plus grand éloge de l'Administration espagnole et aussi celui de la « Junte de Fromento » qui avait su inspirer confiance aux capitalistes pour tous les chemins de fer à créer par la suite dans l'île.

Aujourd'hui, les chemins de fer ont crû dans de grandes proportions. En 1875, ils comptaient 640 kilomètres, et 1,500 en 1886, plus 250 kilomètres en construction, sans parler de 3,000 kilomètres de lignes télégraphiques (1).

---

(1) Grande Encyclopédie.

En 1887, la longueur des voies ferrées s'élevait à 1,579 kilomètres.

D'après M. Sentupéry (1), il y avait, en 1891, 1,600 kilomètres de chemins de fer dans l'île et 3,550 kilomètres de lignes télégraphiques comptant 170 bureaux.

CABOTAGE. — Outre les transports de l'intérieur vers les ports, il était nécessaire de créer un service de communications des ports les plus importants avec les différents ports de la côte, afin d'assurer aux marchandises un débouché rapide, car l'exportation ne s'effectuait naturellement que des ports les plus importants, tels que La Havane, Matanzas et Santiago de Cuba.

Vers 1838, le service des côtes n'était assuré que par quelques mauvaises goëlettes et par un ou deux bateaux à vapeur.

En 1850 (2), il existait deux lignes de bateaux

---

(1) *L'Europe politique.*
(2) D'Hespel.

à vapeur : la première desservait les côtes
du Nord de l'île et faisait un service journalier entre La Havane, Matanzas, Cardenas et
Jucaro.

Cette même ligne faisait de plus un service par
semaine vers l'Ouest à Mariel, Cabanas et Bahia-
Honda, et un autre vers l'Est sur Sierra-Morena
et Sagua-la-Grande.

La deuxième ligne desservait les côtes du Sud
et faisait deux services : le premier entre Batabano
et Santiago de Cuba, en touchant à La Trinitad,
Santa-Cruz et Manzaniello, et le second faisant le
tour de l'île dans le sens opposé, passant à La
Vuelta-Abajo et transportant les voyageurs aux
bains de San-Diégo.

De nos jours, le service du cabotage est aussi
bien réglé que celui des chemins de fer; des services journaliers ont lieu de tous les points de
la côte et les grands transatlantiques s'arrêtent à
La Havane ainsi que les transports allant de
l'isthme de Panama à New-York.

Cuba est reliée avec l'Espagne par un service régulier et nous sommes loin du temps où les planteurs préféraient confier leurs récoltes à de mauvais bâtiments montés par des contrebandiers qui les transportaient à La Jamaïque ou aux Etats-Unis, parce qu'ils étaient ainsi plus sûrs de leur écoulement que d'attendre tous les jours un bâtiment venant d'Europe.

2° EXPORTATIONS

Jusqu'en 1809, l'île de Cuba n'avait pu commercer qu'avec l'Espagne directement, et c'est seulement dans les cas de disette que des autorisations étaient accordées de faire échange avec les autres nations. Des échanges s'effectuaient journellement par la contrebande, mais naturellement à des prix bien inférieurs, car il fallait faire la part des risques à courir. Aussi quand la liberté commerciale eut été proclamée, le commerce de l'île prit-il de suite un développement extraordinaire.

L'île se trouvait à peu de distance du Continent : à peine à 230 kilomètres de La Floride, à 200 kilomètres du Yucatan, La Jamaïque n'en était qu'à 145 kilomètres et Haïti à 90 kilomètres.

L'exportation était donc facile vers le Continent et les États-Unis devaient en profiter et ne pas laisser échapper cette proie magnifique.

Aujourd'hui, la moitié du commerce se fait avec les États-Unis et un quart seulement avec l'Espagne.

On peut se rendre compte de la progression croissante suivie par les exportations d'après les documents publiés par l'administration locale (1).

	Importations		Exportations	
1850	156,509,000	francs,	138,412,000	francs.
1851	174,482,000	»	169,245,000	»
1852	160,312,000	»	148,753,000	»
1853	150,066,000	»	168,534,000	»
1854	169,533,000	»	176,494,000	»
1855	168,566,000	»	187,936,000	»
1856	171,210,000	»	173,140,000	»

(1) Camille Tronquoy. -- Dictionnaire du commerce et de la navigation.

En 1855, sur un total d'importations de 31,216,000 piastres, le pavillon espagnol figurait pour 20,754,000 piastres.

En 1856, sur un chiffre total de 31,706,000 piastres, le pavillon espagnol avait couvert 19,750,000 piastres.

Pour cette même année 1856, pour ce même chiffre de 31,706,000 piastres, les pays de provenance étaient ainsi répartis :

Espagne,	8,342,000 piastres.	
États-Unis,	8,711,000	»
Angleterre,	6,416,000	»
France,	2,926,000	»
Allemagne,	1,522,000	»
Divers,	3,789,000	»

On voit qu'en l'espace de sept années seulement, l'exportation a crû à peu près d'un quart.

Mais ces chiffres ne sont rien en comparaison de la statistique se rapportant à des périodes plus éloignées.

Ainsi la moyenne annuelle d'exportation de 1826 à 1830 était de 3,606 pipes de rhum; 6,508,137 arrobes de sucre; 1,718,864 arrobes de café; 102,915 arrobes de tabac et 245,097 livres de cigares, tandis que pendant la période de 1846 à 1848 cette moyenne s'est élevée à 14,934 pipes de rhum; 18,620,116 arrobes de sucre; 814,318 arrobes de café; 325,482 arrobes de tabac et 932,747 livres de cigares.

Cependant, grandes étaient les difficultés que suscitait au commerce de Cuba la grande République sa voisine. Afin de protéger son commerce, l'île avait établi un droit de 24 1/4 à 30 1/4 o/o sur les bâtiments américains à destination de Cuba, tandis que les bâtiments espagnols venant du même point de départ et ayant même destination ne payaient que 17 1/4 à 21 1/4 o/o, soit donc une différence de 7 à 9 o/o ou 8 o/o en moyenne en faveur du pavillon espagnol. Il eût été logique que par voie de représailles les États-Unis imposassent aux bâtiments cubains venant dans leurs ports une différence semblable; mais loin de s'en tenir là, les North-Américains impo-

saient d'abord les bâtiments de la taxe maximum
payée par leurs navires à destination de Cuba,
puis de la différence de taxe faite par le gouvernement cubain en faveur de ses navires, en sorte
qu'il percevait un droit de 3o 1/4 o/o + 8 o/o.

De plus, le Sénat de Washington avait déclaré que
jamais il n'abaisserait cette taxe. La situation faite
au commerce d'exportation de Cuba était donc dé-
sastreuse, car si pour faciliter les transactions de
ses nationaux le gouvernement abaissait la taxe de
17 1/4 à 21 1/4 o/o qu'ils payaient, la différence entre
cette taxe et celle perçue sur les navires de l'Union
augmentait d'autant, et par suite le prix à payer
par les bâtiments cubains se rendant aux États-
Unis était accru dans la même proportion (1).

Actuellement, les exportations de l'île se font
surtout par La Havane. Ce port à lui seul absorbe
les 5/8 du commerce extérieur, le reste se faisant
par Matanzas, Cardenas, Santiago de Cuba et Rio
Safa.

---

(1) Vasquez Queyso. — Appendice xi, page 545.

Le pavillon espagnol tient naturellement la première place, il couvre aujourd'hui plus du 1/3 des navires, environ 37 o/o, tandis que le pavillon anglais ne couvre que 28 à 30 o/o, celui des États-Unis 20 à 25 o/o, celui de la France 4 à 5 o/o et le pavillon allemand 3 à 4 o/o seulement.

Il est intéressant de comparer aux chiffres d'aujourd'hui ceux d'une période antérieure (1).

Années	PAVILLON ESPAGNOL Valeur en piastres	PAVILLON ÉTRANGER Valeur en piastres	Total en piastres
1841	7,148,000	19,625,000	26,773,000
1842	6,976,000	19,708,000	26,684,000
1843	6,950,000	18,078,000	25,028,000
1844	5,552,000	19,873,000	25,425,000
1845	6,708,000	12,084,000	18,792,000
1846	5,818,000	16,181,000	21,999,000
1847	6,549,000	21,449,000	27,998,000
1848	6,045,000	20,031,000	26,076,000
1849	5,573,000	16,863,000	22,436,000
1850	6,020,000	19,611,000	25,631,000
1851	6,204,000	25,137,000	31,341,000

(1) Camille Tronquoy.

| Années | Pavillon espagnol | Pavillon étranger | |
	Valeur en piastres	Valeur en piastres	Total en piastres
1852	7,018,000	20,435,000	27,453,000
1853	7,273,000	23,936,000	31,209,000
1854	8,506,000	24,177,000	32,683,000
1855	8,073,000	26,730,000	34,803,000
1856	7,592,000	24,471,000	32,063,000

Le principal commerce, nous l'avons déjà dit, a pour objet les sucres, auxquels il faut ajouter les mélasses, les cafés et le tabac en feuilles et en cigares.

Nous allons étudier succinctement l'exportation de chacun de ces articles :

1° Sucres. — Les deux principaux centres d'exportation sont La Havane et Matanzas. Les chiffres que nous citerons ont trait à l'ensemble du commerce de ces deux ports.

L'Angleterre occupe le premier rang et en reçoit plus du quart, puis viennent les États-Unis, l'Espagne, la France, l'Allemagne, la Belgique et l'Italie; il faut cependant remarquer une chose, c'est que tandis que les autres puissances consomment le sucre qu'elles importent, le pavillon anglais sert à couvrir des importations qui d'Angleterre sont ensuite expédiées vers d'autres destinations, et c'est ce qui explique la différence énorme qui existe entre elle et les autres puissances.

D'autre part, les statistiques ci-dessous s'appliquant à l'ensemble de deux ports seulement sont au-dessous de la vérité, mais telles qu'elles sont, elles permettent d'établir la comparaison entre les années successives, la proportion étant restée la même pour toute l'île.

Exportation des sucres pour La Havane et Matanzas :

1849	850,348	caisses.
1850	1,043,534	»
1851	1,237,891	»
1852	1,017,486	»
1853	1,073,418	»
1854	1,245,454	»
1855	1,305,411	»

1856   1,161,290 caisses.

1857   1,153,095   »

1858   1,281,857   »

Sur ces exportations, pour les trois années 1856-1857-1858, les grandes puissances y avaient participé pour :

	1856	1857	1858
	Caisses	Caisses	Caisses
Angleterre	471,032	329,034	304,521
États-Unis	259,099	311,855	363,501
Espagne	216,386	213,624	223,464
France	75,553	100,694	84,087
Allemagne	35,036	26,164	45,343

D'autre part, nous avons pu réunir les chiffres de caisses et de boucauts de mélasse exportés de l'île entière de Cuba pendant une période de cinq années, et le chiffre ne diffère pas sensiblement des chiffres cités plus haut.

Pendant la période actuelle, cette moyenne d'expédition a diminuée, mais ce qui est à observer, c'est que pendant les grandes insurrections ce chiffre n'a pas baissé dans la proportion que l'on aurait pu supposer.

Voici le chiffre d'exportation de quelques-unes des dernières années (1) :

1870	873,000	tonnes.
1879	624,000	»
1880	460,000	»
1882	537,000	»
1883	408,000	»
1886	669,000	»

Une caisse pesant 16 arrobes et l'arrobe valant 25 livres espagnoles, il est facile de se rendre compte du nombre de caisses exportées et de comparer les résultats de 1870 et autres années à ceux de l'année 1850 et suivantes.

Les 25 livres espagnoles ou l'arrobe valent 11 kilog. 494, la caisse de 16 arrobes pèse donc 184 kilog. plus une caisse de 30 kilog., ce qui fait 214 kilog. par caisse.

Les chiffres donnés plus haut en tonnes pourraient donc être présentés en caisses :

---

(1) **Grande encyclopédie.**

1870	4,079,000	caisses environ.
1879	2,915,000	»	»
1880	2,149,000	»	»
1882	2,229,000	»	»
1883	1,906,000	»	»
1886	3,126,000	»	»

Il y a donc eu décroissance dans la production après la grande insurrection, et l'exportation tend à reprendre sa marche progressive.

2° MÉLASSE. — Le commerce de la mélasse se fait surtout avec les États-Unis et très peu avec les autres puissances, sauf l'Angleterre.

Les cinq moyennes quinquennales de 1825 à 1850 ont donné, pour l'exportation, La Havane et Matanzas, les résultats suivants :

1826 à 1830	29,919,000	kilogrammes.
1831 à 1835	40,967,000	»
1836 à 1840	53,434,000	»
1841 à 1845	61,183,000	»
1846 à 1850	99,907,000	»

et pour l'île entière, cette exportation s'était élevée en :

1854	à 251,979	boucauts.
1855	250,773	»
1856	238,013	»
1857	246,812	»
1858	235,961	»

Pour les deux dernières années seulement de la statistique des ports de La Havane et de Matanzas, sur 184,079 boucauts exportés en 1857, il y en avait 132,555 à destination des États-Unis, 41,631 à destination de la Grande-Bretagne et 9,893 pour divers pays.

En 1858, sur 171,344 boucauts, il y en avait 135,949 pour les États-Unis, 29,376 pour la Grande-Bretagne et 6,025 pour diverses destinations.

3° CAFÉ. — Le grand port d'exportation du café à Cuba est le port de Siantago de Cuba.

Le chiffre total d'exportation du café, pour Cuba, varie de 400,000 à 800,000 arrobes, suivant la récolte, soit de 4,597,600 à 9,195,200 kilog.

Les statistiques de Siantago nous sont incon-
nues, mais on pourrait établir une proportion
entre les différentes années par les seules statistiques de La Havane :

Années —	Europe — Quintaux	Etats-Unis — Quintaux	Total — Quintaux
1855	4,833	2,484	7,317
1856	4,922	3,527	8,449
1857	5,564	70	5,634
1858	3,062	2,060	5,122

Le café de Cuba est surtout, en Europe, expédié en Angleterre et en Espagne, la France
ne participe pas beaucoup à ce commerce.
L'Allemagne n'en reçoit qu'une petite quantité,
mais en *fabrique* par contre des stocks consi-
dérables qu'elle vend comme café venant de
Cuba.

La culture du café se fait presque exclusivement
dans la partie orientale de l'île plus montagneuse,
et on ne rencontre que très peu de plantations de
caféiers dans la région occidentale où règne la
canne à sucre.

4° LE TABAC. — Le commerce extérieur du tabac comprend l'exportation du tabac en feuilles et celle des cigares.

La culture du tabac, par suite de l'exportation, a crû très rapidement depuis 1826.

La moyenne quinquennale pour la période 1826-1830 était de . . . . 11,840 quintaux.

De 1846 à 1850 la même moyenne accuse. . . . . 33,500 »

Le port de la Havane, en 1855, a expédié . . . . . 77,914 »

Le port de la Havane, en 1856, a expédié . . . . . 86,077 »

Mais ensuite ce chiffre a baissé et tombait, en 1857, à. 35,901 »

et en 1858 à . . . . . . 43,461 »

Sur ces exportations l'Espagne compte pour plus du tiers; les États-Unis, bien que récoltant eux-mêmes du tabac, absorbent un autre tiers, le reste est expédié dans la Grande-Bretagne et les États du nord de l'Europe.

Le commerce des cigares est d'un bon rapport, mais en ce moment il traverse une crise sérieuse dont nous verrons plus loin les causes.

L'exportation par le port de la Havane s'était élevée :

En 1855	à	240,000,000 de cigares.	
» 1856		227,000,000	»
» 1857		148,000,000	»
» 1858		110,000,000	»

Les États-Unis en recevaient plus de la moitié, puis venaient par ordre d'importance l'Angleterre, l'Allemagne, la France. L'Espagne n'en recevait que très peu.

Nous trouvons l'explication de cette diminution de production, qui semble illogique puisque la consommation dépasse la fabrication et que les Cubains font venir du tabac du Honduras, dans une lettre de Vasquez, publiée dans le *Journal des Economistes* (1).

______

(1) 1896. Tome xxv, page 232.

Les tabacs subissent en ce moment, à Cuba, une crise, en raison de la contrefaçon des cigares.

« Hambourg à lui seul, écrit Vasquez, inonde l'Allemagne et l'*Amérique* de ses faux havanes. Comment voulez-vous que des fumeurs habitués à payer des havanes cinq ou six sous consentent à en débourser quinze ou vingt ? » qui est le prix minimum auquel on puisse fournir les cigares de bonne qualité.

Et ces cigares contrefaits portent la marque, l'estampille, le cachet des maisons de la Havane. Il faut d'ailleurs constater que toutes les compagnies de vente des cigares sont Espagnoles, à l'exception de deux, et la présence de ces deux maisons étrangères suffit pour donner l'explication des anomalies que nous avons rapportées plus haut. Ces deux compagnies sont : la compagnie Bock, composée d'Anglais et d'Allemands, et la compagnie Upmann, composée exclusivement d'Allemands.

Au sujet des cigares, donnons une petite expli-

cation que nous fournit la même lettre de Vasquez :
Les bandes entourant les boîtes de havane et la
boîte elle-même portent quelquefois la marque
« Vuelta Abajo », c'est la meilleure marque de
l'île, car le tabac de la meilleure qualité est cultivé
dans la vallée de ce nom.

Vuelta Abajo correspond comme marque de
cigares, à la marque Médoc, par exemple, sur nos
bouteilles de vin de Bordeaux. Aussi n'est-il pas
besoin de dire que c'est une marque qui a toutes
les sympathies des contrefacteurs.

VI

ADMINISTRATION DE CUBA PAR LES GOUVERNEURS

Le grand argument des partisans de l'autonomie ou de l'annexion de Cuba aux Etats-Unis, c'est que l'administration de l'île par tous les gouverneurs ou capitaines généraux qui s'y sont succédé n'a été qu'une suite d'exactions.

Il ne faut pas juger de l'administration générale par quelques exemples choisis à dessein. Il est certain que pendant les deux premières périodes de l'histoire de Cuba, quelques exactions ont été commises ; mais n'est-ce pas ce qui se produit de nos jours encore lorsqu'une nouvelle conquête est entreprise dans les colonies à quelque nation

qu'elles appartiennent ? Nous ne voulons pas faire
œuvre de polémique et nous nous proposons simplement de prouver par des faits, par des dates
et par des noms, que nous n'agissons pas avec
partialité en taxant les détracteurs de l'occupation
espagnole de parti pris et dans une certaine mesure
de mauvaise foi.

Les capitaines généraux du temps de la conquête
ont dû agir avec énergie parce qu'ils étaient aux
prises avec des rébellions de toutes sortes et avec
les incursions des boucaniers et flibustiers.

Il nous semble que l'on ne doit étudier l'administration de Cuba que du jour où cette île a cessé
d'être un champ de bataille journalier, c'est-à-dire
du jour où les richesses agricoles de l'île ont pu
être mises en valeur.

Il faut d'ailleurs, d'autre part, se rendre compte
de la part d'exagération provenant des récits plus
ou moins véridiques qui nous sont parvenus après
plusieurs siècles, et se bien pénétrer que ce qui
aujourd'hui nous semble exagéré, était, au moment

où les faits se sont produits, admis comme une chose parfaitement logique ; nous ne pouvons apprécier avec les yeux du XIXe siècle les faits des XIVe, XVe, XVIe et XVIIe siècles.

D'autre part, pendant la période de transition de l'île de Cuba, cette colonie était plutôt à la charge de la métropole. Nous avons vu dans un chapitre précédent qu'elle n'a commencé à produire quelques résultats qu'à la fin du XVIIIe siècle.

Et même à cette époque, il ne faut pas croire que tout fût bénéfice pour l'Espagne (1).

De 1765 à 1778, le Trésor espagnol a perçu à Cuba une moyenne de 345,190 piastres par an.

De 1779 à 1791, cette moyenne s'est élevée à 577,159 piastres.

Or, jusqu'en 1791, voici comment pouvaient se

____

(1) D'Hespel.

décompter les dépenses annuelles de la métropole pour la seule île de Cuba :

Pour l'escadre et l'arsenal .	700,000 piastres.
Pour la garnison de La Havane.	290,000 »
Pour la garnison de Santiago de Cuba	146,000 »
Pour les fortifications . .	150,000 »
Pour l'achat du tabac dont la culture n'était pas encore libre	500,000 »
Total . . .	1,786,000 piastres.

Nul ne mettra en doute la bonne administration des gouverneurs suivants :

Marquis de la Torre,	de 1771 à 1777
Las Casas,	de 1790 à 1796
Duc de La Torre,	de 1860 à 1862
Marquis de Castelporid,	de 1862 à 1866
sans parler du général Valdès,	de 1841 à 1853
et du marquis de la Pezuela,	de 1853 à 1854

qui sont arrivés riches à Cuba et en sont partis pauvres.

Et de 1834 à 1838 le général Tacon, dont le gouvernement fut sans contredit pour l'île l'événement le plus remarquable de ce siècle. Ce général lui ouvrit les portes de la civilisation, la délivra des bandits et donna à La Havane ce caractère de propreté, de régularité et de magnificence dans les édifices qui convient à une capitale.

Les exemples de bonne administration ne manquent pas. A la date du 31 août 1855, le chevalier Lobé écrivait à Madrid en parlant du comte de Villanova, surintentant général de l'île pendant vingt-quatre ans (1826 à 1849), que dès tableaux de sa gestion avaient été adressés en juillet 1850, mais que malheureusement ces tableaux, tirés à un petit nombre d'exemplaires, n'étaient connus que de quelques-uns et ces tableaux donnaient les chiffres suivants :

Hausse produite en 27 années, 195,000,000 piastres.
Frais à déduire   142,000,000   »

        Bénéfice .   .   53,000,000   »

soit 2 millions de piastres environ par année (1).

---

(1) Chevalier Lobé. *Cuba*, page 74.

Vasquez Queipo (1) nous offre encore des preuves plus évidentes des mesures prises par les gouverneurs à l'instigation de la métropole pour favoriser l'agriculture en particulier et le commerce, c'est-à-dire la prospérité de l'île en général. Nous ne pouvons nous empêcher de citer quelques extraits de la décision prise par la Junte royale présidée par Leopoldo O'Donnel en 1844, fixant les primes à allouer pour encourager l'agriculture.

1° Une prime de 12,000 piastres (64,800 francs) sous partage à chacun des trois premiers propriétaires qui, pendant les années 1845, 1846, 1847, établiront des colonies de cinquante familles blanches, comptant chacune au moins un ménage, et les installeront sur une caballeria (12 h° 96) qu'ils leur concéderont par acte authentique et sur laquelle il y aura des cases convenables, des animaux et une certaine portion du lot en culture ;

2° Une prime de 6,000 piastres à chacun des

---

(1) Appendice II, page 336.

trois premiers sucriers qui, en 1845, 1846 et 1847, présenteront vingt-cinq familles blanches, d'un ménage au moins chacune, établies sur leur sucrerie et possédant des lots de terre d'une demi-caballeria dont la moitié plantée en cannes pour être vendues au maître de l'habitation à des prix convenus ;

3° Une prime de 20,000 piastres dont 2,000 chaque année au premier qui, en 1845, 1846, 1847, établira une sucrerie sur laquelle la culture sera faite par trente familles blanches, possédant une caballeria, la manipulation devant être faite avec des appareils à concentrer dans le vide et seulement par des blancs. La sucrerie devant produire 45,000 arrobes de sucre purgé ;

4° Une prime de 6,000 piastres à celui qui, en 1846, présentera un appareil à concentrer dans le vide pour convertir en sucre le « vesou » ou jus de canne, à condition que cet appareil soit construit dans le pays ;

5° Une prime de 6,000 piastres à celui qui construira dans le pays un appareil à l'aide duquel

on puisse, en vingt-quatre heures, purger complètement le sucre vingt-quatre heures après la sortie
des chaudières et l'avoir moitié blanc et moitié
jaune du « troisième » ;

6° Une prime de 1,000 piastres à celui qui, dans
le mois de décembre 1845, amendera le plus tôt
et le mieux une caballeria de terre avec la charrue
américaine perfectionnée, tirée par des mulets et
conduite par des blancs ;

7° Une prime de 1,000 piastres à celui qui présentera, pour le 1er décembre 1846, deux caballerias de terre parfaitement cultivées en trèfle à
fleurs rosées ayant six mois de pousse ;

8° Une prime de 1,000 piastres à celui qui,
dans tout le cours de 1846, présentera deux
caballerias de terre parfaitement ensemencées
de fèves, de l'espèce qu'on emploie sur les
sucreries de la Nouvelle-Orléans pour l'ordi-
naire des ateliers ;

9° Une prime de 4,000 piastres à celui qui, le

1ᵉʳ décembre 1848, présentera un bois planté
touffu de trois ans et d'une étendue de quatre
caballerias consistant en arbres de l'une des espè-
ces ci-après : cèdre, pin, majaguas, acajou, noyer
d'Afrique et châtaigner de Malabar ;

10° Une prime de 6,000 piastres au premier qui,
en 1845, 1846, 1847, introduira des Indes orien-
tales deux cents boutures de cannes à sucre vertes,
vigoureuses, de la meilleure espèce que produise
cette contrée et qui, plantées avec soin dans les
terres de l'ouest, du sud ou du nord de cette province, donneront dans l'une de ces trois expositions
des cannes de trois pouces dans leur plus grand
diamètre ;

11° Une prime de 12,000 piastres, payable par
2,000 piastres à l'expiration de chaque année, au
premier qui, dans le cours des années 1845 et 1846,
établira aux environs de La Havane un dépôt
d'étalons uniquement destinés à l'amélioration de
la race chevaline et entretiendra dans ses écuries
au moins quatre chevaux d'une bonne taille et
d'un port fier (de buena alzada y arrogante figura),

à savoir : un andalou, un arabe, un normand et un anglais ;

12° Une prime de 6,000 piastres, dont 1,000 à l'expiration de chaque année, à celui qui, en 1845 ou 1846, introduira directement d'Angleterre un taureau et six vaches de la plus belle race de ce pays et les conservera en bon état de gestation pendant six ans ;

13° Une prime de 2,000 piastres à celui qui, le 1er décembre 1846, présentera le troupeau de cochons de la plus belle taille, nés dans l'île, de race nouvellement importée des Etats-Unis ou d'autres pays. A égalité de valeur, le nombre assurera la préférence ;

14° Une prime de 1,000 piastres à celui qui, le 1er décembre 1846, présentera la plus belle couvée de poules, nées dans l'île, d'espèce nouvellement importée des Etats-Unis ou d'autre pays, la préférence devant être donnée à égalité de valeur à la couvée la plus nombreuse.

Nous ne citons que ces quelques mesures d'encouragement prises par un gouverneur soucieux de favoriser la colonisation de l'île en y attirant les Européens ; mais tous les gouverneurs sans exception ont apporté tous leurs efforts pour remplacer la main-d'œuvre des noirs par celle des blancs, et cela pour la prospérité de l'île, car ce qui empêche Cuba de produire dix fois plus encore qu'elle ne donne, c'est le manque de bras, et les noirs abrutis par l'alcool, paresseux par nature, sont une ressource bien faible pour la culture. Pour le travail un blanc vaut au moins cinq noirs, et, d'autre part, attirer à Cuba les Européens, n'est-ce pas combattre dans une certaine mesure cet envahissement qui vient de l'Extrême-Orient et que plusieurs auteurs ont qualifié de « péril jaune ».

En résumé, depuis 1771, date à laquelle Cuba a commencé à produire jusqu'à 1869, c'est-à-dire pendant un laps de quatre-vingt-dix-huit ans, nous trouvons une période de soixante-deux années pendant lesquelles se sont succédé des gouverneurs auxquels personne n'a rien trouvé à reprocher.

Pendant les trente-six années restant, se trouvent les périodes de soulèvement telles que celle de 1855, pendant lesquelles l'île a été soumise en partie du moins à l'état de siège, et on nous accordera sans peine que ce n'est pas sur ces périodes là que l'on peut baser une appréciation quelconque.

VII

CUBA ET LES ANCIENNES COLONIES

ESPAGNOLES

On ne peut nous taxer d'exagération si nous
disons que c'est l'Espagne qui a fait l'Amérique.
Toute civilisation est née d'elle dans le Nouveau-
Monde et ce n'est que plus tard que des aventuriers
cosmopolites, descendants et émules des boucaniers
et des flibustiers, ont prétendu former un peuple à
part, un peuple ayant droit de propriété et mettant
en avant la devise de Monroë : « L'Amérique aux
Américains ».

Il est donc intéressant d'examiner quel a été,
pour les colonies espagnoles qui se sont séparées
de la métropole pour s'ériger en Etats indépen-

dants, le résultat de cette indépendance, au point de vue du commerce et de l'industrie.

Nous n'avons pas l'intention de passer en revue toutes les petites Républiques de l'Amérique centrale, ainsi que les grands Etats de l'Amérique du Sud : il faudrait plusieurs volumes. Nous nous contenterons d'étudier quelques-uns de ces Etats indépendants, parmi ceux qui se rapprochent le plus comme productions et comme climat de la grande île de Cuba.

Nous citerons en passant, pour mémoire, Saint-Domingue, l'ancienne Espanôla, qui, en 1886, a compté 39,349,950 francs d'exportations contre 30,062,775 francs d'importations, et nous arriverons de suite au Mexique, une des plus anciennes colonies fondées par l'Espagne. L'histoire de cet Etat est assez connue sans qu'il soit nécessaire d'y revenir.

Le mouvement des ports y est assez important, car en 1888 (1), il s'est élevé à :

-----

(1) Reclus, tome 17, page 300.

Entrées : 5,448 navires, jaugeant 1,945,164 tonnes
Sorties : 5,293 » » 1,896,596 »
Au total, 10,741 » » 3,841,760 »
sur lesquels on comptait 2,140 navires à vapeur
d'une capacité de 1,600 tonnes.

Ce mouvement commercial pouvait se répartir
ainsi au point de vue des nationalités :
Mexique, 8,356 navires, jaugeant 1,657,980 tonnes
Etats-Unis, 1,315 » » 1,080,110 »
Gde Bretagne, 486 » » 330,650 »
Divers, 584 » » 773,020 »

On peut faire ici la même remarque qui a déjà
été faite pour Cuba, c'est qu'un tiers du commerce
total appartient aux Etats-Unis.

Constatons de plus que c'est le Mexique qui a
donné le signal de la révolte des colonies espagnoles, mais que son indépendance n'a pas produit les résultats que les libéraux semblaient en
attendre.

Tous les Etats de l'Amérique centrale ont été

formés d'anciennes provinces du Mexique et leur histoire se rattache naturellement à celle de ce pays.

En 1524, le conquistador Don Pedro de Alvarado venant du Mexique entrait dans le Sucomisco et remportait sur les Indiens une victoire aux bords de la rivière Samala. Le nouveau territoire forma le gouvernement de Guatémala. Le gouvernement en fut confié à une audience royale dont le président était à la fois chef civil et capitaine général, dépendant directement de la métropole.

En 1821, le Guatémala imita le Mexique et se proclama libre. Il suivit la fortune d'Iturbide, mais à la fin de sa dictature (21 janvier 1823), il se constitua en république fédérative (du 25 janvier 1824 au 22 novembre, même année).

Depuis 1824, le pays a été le théâtre de luttes sanglantes entre les deux partis politiques : les libéraux ou lucios et les cléricaux ou serviles.

D'autre part, des tentatives de fédération forcée le mirent en guerre avec ses voisins.

Les lucios abolirent l'esclavage et établirent le mariage civil et le jury ; les serviles soulevèrent alors les Indiens, qui pénétrèrent dans la capitale, et, guidés par leur haine des blancs, eussent mis la ville au pillage si un général insurgé, Rafaëlo Carrera, n'avait su agir avec autorité.

R. Carrera, nommé président, bat, en 1840, le président constitutionnel de l'Amérique centrale, le général Morazan, et fait sortir le Guatemala de la confédération.

Une révolution, en 1845, est vite réprimée, mais de 1847 à 1848 mille insurgés battent les troupes gouvernementales.

En 1850, une nouvelle révolution se produit ; mais Carrera, en 1842, qui avait rattaché le pays à la confédération, l'en avait à nouveau fait sortir le 21 mars 1847 ; aussi, en 1850, le Guatemala était-il en guerre contre le Honduras et le Salvador coalisés.

Carrera les bat et parvient à donner une constitution au pays ; mais les métis, écartés des affaires, commencent à se réunir. En 1862, la récolte de cochenille (principale ressource du pays à cette époque), ayant été mauvaise, des bruits de révolution se répandent et le 1er mai éclate une nouvelle insurrection.

En 1863, nouvelle guerre avec le Salvador ; Carrera battu s'allie avec le Nicaragua et marche contre les forces alliées du Salvador et de Honduras qu'il bat à Santa-Rosa le 16 juin 1863.

Une nouvelle révolte échoue en 1867 ; mais en 1871 la Révolution a le dessus et les Libéraux parvenus au pouvoir en chassent les serviles et s'allient au Honduras.

En 1884, les Etats-Unis ayant passé une convention avec le Nicaragua au sujet de la construction d'un canal, les partisans de la fédération à outrance, exploitant la crainte d'une annexion, proclament, avec Barros à leur tête, la fédération Centro-Américaine à laquelle le Salvador refuse d'accéder. De là une nouvelle guerre ; en mars 1885 Barros envahit le Salvador, il y est tué et son armée battue.

Ce court résumé de l'histoire de Guatemala suffit à montrer ce qu'est devenu ce pays riche, livré à toutes les luttes intérieures. Mais ce qui donne encore à nos arguments en faveur de l'influence espagnole, une valeur plus grande, c'est de voir ce que devenait le commerce pendant toutes ces luttes et de constater que, malgré tout, il a crû dans de notables proportions, on peut alors supposer à quel degré de prospérité ce pays fût parvenu s'il avait pu jouir en paix des richesses du sol et les exploiter régulièrement sous la protection d'une nation puissante.

Le commerce a doublé de 1866 à 1878. Dans cette dernière année, il s'est élevé aux chiffres suivants :

	Importations	Exportations
Grande-Bretagne .	4,970,000 fr.	5,650,000 fr.
Etats-Unis . . .	2,305,000	7,430,000
France	2,565,000	2,460,000
Allemagne . . .	2,035,000	2,450,000

En 1888, le chiffre total des importations s'est élevé à 20,998,450 francs et celui des exportations à 27,846,050 francs, soit au total un mouvement commercial de 48,844,500 francs.

A la même date, le mouvement de la navigation pouvait être ainsi divisé :

Entrées : 443 navires dont 408 vapeurs jaugeant 547,911 tonnes ;

Sorties : 442 navires dont 407 vapeurs jaugeant 546,515 tonnes ;

Au total, 885 navires dont 815 vapeurs jaugeant 1,094,426 tonnes, sur lesquels on comptait 707 navires américains, 88 allemands, 74 anglais et 16 divers.

En 1890, le chiffre des affaires s'est élevé à la somme de :

Importations,   7,640,000 dollars

Exportations,   14,402,000 dollars (dont 12,270,000 pour le café).

Tous les échanges se font par le Pacifique.

Longtemps la richesse du Guatemala avait été la cochenille, dont l'exportation s'était élevée en 1854 à 82,500 kilogrammes ; mais depuis que les couleurs de la houille ont été adoptées presque partout, les plantations de nopal ont été remplacées par des plantations de café.

L'industrie est presque nulle au Guatemala, les mines y sont peu exploitées, quoiqu'on y trouve du marbre, du fer, du soufre, du cuivre et de l'or à l'état natif à Libertad, près d'Izabal et dans les sables de Rio-Matigua.

En résumé, c'est un pays riche, mais que les dissensions intestines ont arrêté dans son développement.

Qui a lu l'histoire d'une seule des républiques du centre américain a lu l'histoire de tous ces États.

Depuis qu'ils se sont proclamés libres, ils ont

toujours combattu les uns contre les autres et ils ont toujours eu à craindre les révolutions.

L'une de ces républiques, Costa-Rica, donne lieu aux mêmes observations que son voisin le Guatemala.

Découverte en 1502 et appelée Costa-Rica y Castella de Oro, cette contrée offrait, comme son nom l'indique, des ressources de toute nature.

En 1821, Costa-Rica proclamait son indépendance, et en 1823, à la suite d'une guerre civile, le pouvoir passait aux mains des libéraux.

En 1848, les Indiens se révoltent et en 1850 le pays était en guerre avec le Honduras.

Costo-Rica était à peu près paisible sous l'administration du président J.-B. Mora qui fut réélu quatre fois et renversé en 1859 par la coalition des Libéraux, des Allemands et des Anglais qui le remplacèrent par le beau-frère du Consul anglais, le président Montaligre.

Mora qui tenta de reprendre le pouvoir avec l'aide de Salvador fut pris et exécuté.

Costa-Rica, comme les républiques ses voisines, est sous l'influence étrangère des Anglais et des Allemands qui la tiennent par les emprunts.

La dette publique s'élevait en effet au 1er avril 1890 à, dette extérieure.   15,000,891 de pesos.

Dette intérieure . . .   1,891,282   »

Papier monnaie en circulation   820,000   »

$\overline{17,712,153}$ »

garantis par les édifices publics, les chemins de fer, etc.

Le budget de l'exercice qui a pris fin le 31 mars 1890, donnait les chiffres suivants :

Recettes,   5.078,166 pesos.

Dépenses,   5,924,915   »

Le commerce de Costa-Rica est sérieux, il s'élève moyennement à :

	Importations	Exportations	
Angleterre,	1,862	3,648	
États-Unis,	1,780	3,035	
Allemagne,	1,229	201	en millions
France,	570	18	de pesos.
Amérique centrale,	209	49	
Divers,	656	14	

L'exportation du café donne lieu aux 89 o/o du commerce; on peut se rendre compte de l'accroissement du commerce par le tableau suivant :

	Importations	Exportations
1883	2,081,805 pesos.	2,431;636 pesos.
1885	3,660,931 »	3,296,508 »
1887	5,601,225 »	6,236,563 »

Nous dirons deux mots, en passant, du Nicaragua et du Salvador au point de vue commercial.

En 1888 le mouvement du commerce s'est élevé au Nicaragua à :

Importations	11,590,000 francs.
Exportations	8,210,000 »
Total	19,800,000 »

et le mouvement de la navigation a été de 384 navires jaugeant 382,820 tonnes.

Au Salvador, avant la ruine des indigotiers en 1865, l'indigo produisait 12 .millions de francs et les diverses exportations 1,140,200 francs.

Pour 1888 (1), on a obtenu les résultats suivants :

Importations	20,407,735 francs.
Exportations	33,288,030 »
Total	53,695,765 »

Mais le pays de l'Amérique centrale qui offre le meilleur exemple de l'avenir réservé aux anciennes colonies espagnoles qui se sont séparées de la Métropole, c'est le Honduras.

La situation financière y est déplorable par suite des escroqueries des financiers étrangers et des intrigues des politiciens locaux.

---

(1) Reclus, tome xvii, page 449.

Voici pour une période de trois ans (du 1ᵉʳ août 1885 au 31 juillet 1888), la moyenne des divers articles du budget :

RECETTES

Douanes.	1,164,630 pesos.
Monopoles	1,398,056 »
Timbre	72,012 »
Vente de terres	50,233 »
Recettes diverses	133,334 »
Total	2,818,265 »

DÉPENSES

Dette publique.	617,342 pesos.
Monopoles	485,500 »
Impôts	8,178 »
Pouvoirs publics . . .	91,777 »
Intérieur.	121,393 »
Affaires étrangères . . .	31,860 »
Justice	96,416 »
Guerre	188,667 »
Instruction publique. . .	96,702 »
Travaux publics . . .	384,914 »
Total	2,122,749 »

Les principales ressources sont donc le monopole de l'alcool et les douanes; les dépenses et
recettes s'élèvent à peine à 7 millions de francs
par an, tandis que

La dette extérieure, au 1er août 1888, s'élevait
à . . . . 2,031,379 pesos.

La dette extérieure, au
début de 1889, s'élevait à.   5,398,570 Liv. ster.
et les intérêts arriérés à .   8,108,883   »   »

Voici d'ailleurs (1) le détail des sommes emprun-
tées par le Honduras de 1867 à 1872 :
Aux taux variable de 5 à 10 o/o   134,964,250 fr.
Arriérés d'intérêts au 1er janvier
    1889 . . . .   191,149,450 »
        Total . . . . . .   326,113,700 »

La dette *totale* du Honduras représente plus de
quarante années de revenus normaux comptées à
7,600,000 francs en moyenne, et la dette *par tête*
est d'environ 1,000

---

(1) Reclus, tome XVII, page 481.

On peut dire que c'est en cinq ans que le
Honduras s'est ruiné, en effet en :
1867 il contractait un premier em-
      prunt de. 25,000,000
1869 il contractait un nouvel em-
      prunt de. 56,000,000
1870 il contractait un nouvel em-
      prunt de. 62,000,000

En 1871 il tentait un nouvel emprunt de fonds
de 375 millions, sur lequel, en 1872, 50 millions
ne furent même pas couverts.

Et pourtant le pays est riche ; au début du siècle
sa richesse minérale produisait par an 15 millions
de francs ; la terre est fertile, mais le pays est mal
administré et manque de voies de communication.

Quant à l'histoire politique du Honduras, elle
ressemble à celle des États voisins.

Le Honduras, découvert en 1502 par Colomb,
dépendait du Guatemala ; en 1821 il se proclama
libre et entra en 1823 dans la fédération.

En 1839 cette union était rompue et en 1853-54 le Honduras était battu dans sa guerre contre le Guatemala. De 1855 au 11 janvier 1862, le pays fut soumis au régime de la terreur. En 1866 à 1870, il fut en guerre avec le Salvador et battu ; les présidents changent à tout instant et la détresse financière s'accentue.

On a vu, par les quelques républiques centre américaines étudiées, que si le pays est fertile, offre des ressources énormes, cette fertilité et ces ressources n'ont pas été utilisées, ou du moins qu'on n'en a pas tiré le meilleur parti possible.

Voici donc des pays ayant tout pour eux, où le commerce est obligé d'enrichir ceux qui s'y adonnent, qui végètent et s'endettent de plus en plus.

Certes, les luttes intestines ont contribué pour une large part à cette décadence, mais ce n'est pas à elles qu'il faut uniquement attribuer l'état précaire du Centre Amérique.

La véritable raison, c'est que tous ces États sont

trop petits pour vivre isolément et trop divisés
pour former un seul gouvernement qui serait à
son tour trop vaste ; en sorte qu'il serait impos-
sible de donner à l'administration une direction
efficace.

Les colonies espagnoles, en se séparant de la
Métropole, ont amoindri leur force et leur richesse,
elles ont laissé libre entrée aux étrangers qui ont
pris la haute main sur le commerce extérieur et
intérieur, et tiennent le gouvernement par la question budgétaire.

Il serait fort difficile de définir aujourd'hui la
nationalité d'un habitant d'une de ces républiques :
il y a eu tant de croisements depuis la race
espagnole initiale jusqu'à nos jours, depuis que
les divers États ont accueilli dans leur sein tous
les transfuges du vieux Continent.

Cuba a su se maintenir, parce que chez elle, la
race est restée unique ; les Cubains sont des
Espagnols, qu'ils soient continentaux ou nés dans
l'île, et de même que ceux qui ont amené dans

l'Amérique centrale et l'Amérique du Sud la séparation des Colonies et de la Métropole étaient de race métis ou étrangère, de même à Cuba, toute révolte est faite à l'instigation des étrangers.

Heureusement que la Perle des Antilles a sous les yeux les exemples que nous avons pris au hasard dans les républiques d'Amérique, et qu'elle est mieux à même de juger de près les conséquences de la séparation avec l'Espagne.

Ce que nous avons dit pour quelques États, nous aurions pu le dire pour le Pérou, la République argentine, etc.

Certes, l'autonomie est une belle chose; mais que les autonomistes ne s'illusionnent pas, après l'autonomie viendra la séparation, après la séparation, les guerres civiles, les dettes et la ruine.

VIII

CUBA ET LES ÉTATS-UNIS

———

L'abbé Raynal a dit que « Cuba à elle seule
valait un royaume » ; il n'est donc pas étonnant
d'avoir vu toujours la Perle des Antilles désirée
ardemment par ses voisins des îles, les Anglais
d'abord ; puis plus tard par ses voisins continentaux, les États-Unis. Ceux-ci ne se trouvent en
effet qu'à 230 kilomètres de l'île, en partant de la
presqu'île de la Floride, et leur rôle dans les différentes insurrections et tentatives faites à Cuba est
indéniable.

En 1817, l'Angleterre et l'Espagne avaient passé
un traité fixant au 3 mai 1820 l'abolition de la
Traite. Ce fut pour les Anglais un motif de s'im-

miscer dans les affaires cubaines sous le moindre prétexte et cette ingérence de l'Angleterre donna à réfléchir aux États-Unis qui comprirent tout l'avantage qu'ils pourraient retirer de cette belle île, assurant la clef du commerce de l'Amérique du Sud et permettant d'établir une liaison entre les parties nord et sud du continent. La prise de Cuba serait la réussite assurée de l'union projetée par les États-Unis suivant la devise de Monroë : « L'Amérique aux Américains ».

Il n'est donc pas étonnant que lorsqu'en 1825, l'Espagne leur offrit des avantages commerciaux en échange d'une garantie de propriété de Cuba, les États-Unis aient repoussé ces offres et tenté d'aider au contraire les Séparatistes.

L'opposition à cette garantie de propriété venait surtout des Etats du Sud, des Esclavagistes ; les Etats du Nord se désintéressaient un peu de la question, d'autant plus qu'ils ne désiraient nullement voir introduire dans leur République, à côté d'eux, protestants, une grande province catholique.

Cependant en 1845, on proposa au Sénat de Washington l'achat de l'île de Cuba et en 1846 une Compagnie américaine se forma, qui voulait réunir pour cet achat la somme de 200 millions de dollars, soit un milliard de francs.

L'Espagne ne voulut naturellement rien entendre.

Une junte s'était formée à cette époque à New-York et se tenait en communication constante avec la junte révolutionnaire de Cuba.

En 1847, après une première tentative, Narciso Lopez se réfugia à New-York et trouva un appui facile auprès des North-Américains.

Cependant Lopez était plutôt un autonomiste qu'un séparatiste, mais les Yankees ne perdaient aucune occasion de susciter des difficultés à l'Espagne.

Lopez, après deux autres tentatives, fut pris et exécuté le 31 août 1850.

En 1852, l'Espagne renouvela aux Etats-Unis sa demande de garantie de la possession de Cuba, mais elle éprouva un nouveau refus. Sur ces entrefaites de nouvelles agitations se produisirent dans l'île et c'est à cette époque surtout qu'on ne peut nier le mauvais vouloir des North-Américains. Comme preuve, nous citerons plusieurs passages de lettres adressées de Cuba par M. le chevalier Lobé, consul général des Pays-Bas, à un haut personnage de Madrid (1).

1° Lettre du 6 avril 1855, page 8 :

« Que veulent depuis leur émancipation les
» immenses Etats-Unis? Vers quel but s'est dirigée,
» jour par jour, étape par étape, leur persévérante
» politique, à partir du jour où, jetant le masque,
» ils mirent de côté les doctrines de leur sage
» patriarche, l'immortel Washington.

» Ils le proclamèrent du haut de leur Capitole :
» S'emparer de l'univers entier après avoir sub-

---

(1) Chevalier Lobé : *Cuba et les grandes puissances de l'Europe.*

» jugué, soit de gré, soit de force, le monde de
» Colomb dont ils se disent les seuls et exclusifs
» propriétaires.

» M. de Luzuriaga disait aux Cortès : « L'Es-
» pagne ne peut aliéner ni vendre à jamais, à
» aucune condition, son île de Cuba, parce que la
» vente de celle-ci équivaudrait à la vente de son
» honneur. »

Dans la lettre suivante, M. le chevalier Lobé ne
donne plus seulement ses impressions entachées
de plus ou moins de partialité, il cite des faits,
des dates, des noms et comme tel nous croyons
ce document incontestable.

2° Lettre du 3o novembre 1855 :

« La junte cubaine, siégeant à New-York, fut
» obligée de publier à la date du 25 août 1855 un
» manifeste au peuple de Cuba, où elle constate la
» réalité du complot.

» Le commandement de l'expédition devait

» être donné au général North-Américain Quit-
» man.

» Le 20 septembre 1855, don Domingo de Goi-
» curia, membre de la même junte, a publié égale-
» ment de New-York une adresse au peuple de
» Cuba, où il dit « qu'il croit devoir à son honneur
» et à ses intérêts matériels menacés de faire con-
» naître la vérité.

» D'autre part, Léopoldo de Criéto, ministre
» espagnol à Washington, avait communiqué à
» M. Marcy, secrétaire du président Pierce, la cor-
» respondance dans laquelle le général Concha
» rendait compte au gouverneur des forces dont il
» disposait et des moyens de défense qu'il avait su
» donner à Cuba.

» Il n'est donc pas étonnant que le général
» Quitman ait eu connaissance par MM. Marcy et
» Pierce de ces documents qui durent lui donner
» à réfléchir.

» Toujours est-il qu'il retourna en Floride et que

» l'expédition projetée fut étouffée par lui avant
» d'avoir reçu même un commencement d'exécu-
» tion. »

Sur ces entrefaites Buchanan avait été nommé
président des États-Unis. C'était un des trois pro-
moteurs du rachat de Cuba par les États-Unis,
aussi se demandait-on quelle ligne de conduite il
allait suivre. Mais Buchanan resta dans le *statu
quo*, au grand déplaisir des autonomistes et des
séparatistes.

Le projet d'annexion semblait abandonné en
1858.

Cependant les États-Unis n'en conservaient pas
moins le désir de posséder l'île et à diverses
reprises ils voulurent avoir ouvertement l'appa-
rence de prendre parti pour l'Espagne, tandis
qu'en réalité ils soutenaient les insurgés.

En 1869, le maréchal des États-Unis écrivait
même à l'Espagne : « Le maréchal des États-Unis
a capturé le reste de l'expédition des Flibustiers,

destinée à Cuba ». Or, ce fait a été reconnu faux.

Le 31 octobre 1873, on crut que des hostilités auraient lieu entre Cuba et les États-Unis, par suite de la saisie du *Virginius*, pour contrebande de guerre et de l'exécution sommaire de 5o marins américains ; il n'en fut rien cependant, les North-Américains ne jugeant pas l'heure favorable.

Les événements actuels sont connus de tous ; le rôle des États-Unis a pu être apprécié par tous, à un moment même, ils ont failli jeter le masque (1).

Quoiqu'il en soit, Cuba sera toujours un objet d'envie pour les North-Américains, et de notre temps plus que jamais, l'opinion de l'abbé Raynal peut être considérée comme une vérité.

---

(1) Au moment où ces lignes sont écrites, on parle encore du dessein des États-Unis de réclamer la reconnaissance de l'indépendance des insurgés ; le *Hérald* a même publié une dépêche de Washington, annonçant que telle était l'intention de M. Cleveland.

IX

ORIGINE DES PARTIS POLITIQUES

———

Cuba, comme toutes les puissances, compte plusieurs partis politiques :

Les gouvernementaux, les autonomistes et les séparatistes.

Les premiers sont, leur nom l'indique, dévoués au gouvernement actuel et soutiennent la politique espagnole. Les seconds demandent à ce que Cuba jouisse des mêmes droits que les provinces de la métropole. Enfin les séparatistes, jaloux de l'indépendance des autres Etats de l'Amérique centrale et équatoriale, anciennement soumis à la domination espagnole, rêvent d'une République cubaine ;

quelques-uns même ne désirent rien moins que l'annexion de Cuba aux Etats-Unis.

Comment ces partis ont-ils pris naissance, et à quelle époque doit-on faire remonter la première opposition à la politique du cabinet de Madrid ?

Ainsi que l'a dit M. Berthelot (1), au sujet du développement rapide du commerce de Cuba au commencement de ce siècle : « Ce développement de la production du sol et de sa consommation par l'Europe a accéléré la révolution économique qui s'est opérée en motivant de nouvelles réformes administratives et différentes concessions commerciales à mesure que la métropole cédait à l'empire des nécessités ».

Nul n'ignore que plus un pays accroît son commerce, plus il a besoin de crédit puisque ce même crédit est la base même des échanges ; mais d'autre part les divers budgets partiels s'accroissent, la dette intérieure augmente dans les mêmes pro-

---

(1) Encyclopédie moderne, pages 435 et 436.

portions et comme tout, dépenses et recettes, croît dans le même rapport, il se forme immédiatement un parti de gens qui voudraient bien profiter de l'accroissement des recettes sans participer à l'accroissement des dépenses, ce sont les premiers mécontents. Ils s'en prennent naturellement au gouvernement et donnent naissance au parti de l'opposition.

Cette règle est générale. Les partis politiques basés sur une question de race ou de principe ne se forment qu'après que la première opposition économique a pris naissance. A Cuba, il n'y a pas de partis basés sur une question de race; tout le parti de l'opposition s'appuie sur une question de forme de gouvernement, du moins ouvertement, mais il résulte de lettres écrites par des Cubains, que l'on ne peut taxer de parti-pris, que cette raison n'est qu'un prétexte et que la Révolution cubaine est plutôt économique que politique (1).

Après 1819, les diverses provinces de la terre

(1) Lettre de Vasquez.

ferme dans l'Amérique centrale et dans l'Amérique
du sud se constituèrent en républiques indépendantes, après de nombreux conflits. De nombreux
volontaires Cubains avaient pris part à ces luttes
et de retour à Cuba et même avant leur retour,
ils projetèrent de séparer l'île de l'Espagne.

Il semblerait au premier abord que ceux qui
venaient d'aider à la constitution de républiques
indépendantes, dussent rêver pour Cuba une
République analogue, mais il n'en a rien été. La
première insurrection avait pour but d'annexer
purement et simplement la colonie aux États-Unis,
d'unir *l'étoile solitaire* (Lone Star), comme on
l'appelait aux autres étoiles américaines.

Et il est très curieux de voir les Etats du sud de
l'Union aider à l'insurrection cubaine, eux esclavagistes enracinés prêter leur concours à un mouvement tenté sous le prétexte avoué d'abolir à
Cuba l'esclavage.

La question économique dans la première insurrection est facile à résoudre; il n'y a pas là à

étudier une question de gouvernement. République ou Monarchie, il ne faut y voir que le désir des États-Unis d'annexer Cuba avec son demi-million d'esclaves et le groupe puissant des planteurs cubains à l'empire politique des Etats du Sud.

C'est de cette époque que datent les tentatives de Lopez à Cardenas et dans la Vuelta Abajo, et pourtant Lopez était plutôt un autonomiste; mais dans cette insurrection séparatiste par excellence, les partisans de l'annexion aux Etats-Unis avaient su s'abriter sous le drapeau de l'indépendance autonomiste.

Depuis cette époque, l'influence américaine s'est toujours fait sentir dans toutes les révoltes ou tentatives de révoltes qui se sont produites dans l'île.

Il est intéressant de citer une anecdote racontée par un voyageur et montrant à quel point, même dans les plus petites choses, l'esprit est à La Havane préoccupé de la politique et des hommes d'Etat de l'Union.

Xavier Marmier cite en effet l'anecdote suivante (1). Il était dans un café et parlant du
glacier :

« L'ingénieux « Confitero », écrit-il, a déjà tel-
» lement appliqué les termes de son vocabulaire
» espagnol à ses savoureuses productions (sorbets,
» glaces, etc.) que pour en désigner deux nou-
» velles, il a dû entrer dans le domaine de la
» politique étrangère : « *Muchacho*, s'écrie un
» habitué, *Araéja me uno présidente Taylor* »
» (garçon, apportez-moi un président Taylor !)
» « *Y a me*, dit un autre, *uno présidente Jackson !* »
» Et les deux vénérables présidents font leur
» apparition sous la forme de deux verres remplis
» d'une liqueur odorante comme si leur âme était
» renfermée dans ce fragile cristal, ainsi que celle
» dont l'Arioste raconte la captivité dans son
» magique poème.

» En donnant à ses deux compositions ces deux
» noms importants, le judicieux glacier a prouvé

---

(1) Lettres sur l'Amérique, tome II, page 22.

» que du fond de son laboratoire il étudiait le
» caractère des chefs du gouvernement Américain
» et qu'il pouvait le peindre à sa façon. La coupe
» qui se présente sous le nom du général Taylor
» contient une boisson doucereuse et réfrigérante,
» l'autre un punch énergique. »

Xavier Marmier attribue ces deux dénomina-
tions à l'embarras du glacier d'en trouver de
nouvelles dans son vocabulaire, mais ne faudrait-il
pas y voir plutôt un signe de l'intérêt que les
Etats-Unis ainsi que tous leurs faits et gestes
éveillent journellement à Cuba ?

La grande insurrection cubaine date de 1868 et
a éclaté à Yara dans le district oriental. Le chef
en était Cespedès; c'était un autonomiste et ce
soulèvement avait été fomenté sous prétexte de
mettre les noirs en liberté et d'abolir l'esclavage
à Cuba.

La lutte dura dix années; il ne rentre pas
dans le cadre de cette étude de faire l'histo-
rique des différents combats; qu'il nous suffise

de dire que force resta au gouvernement espagnol en 1878.

Quels étaient les motifs de cette insurrection ?
L'esclavage avait été mis en avant, et les révolutionnaires avaient cherché à s'attirer des sympathies à l'étranger en criant bien fort qu'ils com-
battaient au nom de l'humanité.

Mais à côté de ce grand titre, l'opposition avait
plusieurs sous-titres, elle reprochait à l'Espagne de
ne pas s'occuper de l'amélioration des voies de
communications; de ne pas favoriser le développement de l'instruction en ne créant que fort peu
d'écoles. Mais il est à remarquer que quel que
soit le pays où une révolution se produit, ces
deux griefs font toujours partie du programme de
l'opposition, nous ne nous y arrêterons pas, d'autant plus que nous avons prouvé dans un autre
chapitre que le gouvernement espagnol avait au
contraire fait beaucoup pour les communications
intérieures et que Cuba au milieu de ce siècle
occupait un rang fort raisonnable parmi les pays
dotés de voies ferrées et qu'elle prenait place

même avant beaucoup de nations d'Europe et même avant sa Métropole.

Le véritable motif de l'insurrection n'était pas avoué, ou du moins il passait comme grief accessoire, ce motif c'était qué les Cubains trouvaient les impôts trop lourds.

Nous en revenons donc toujours à la question économique.

Nous avons dit que Cuba n'avait été pacifiée qu'en 1878 ; c'est le général Martinez Campos qui mit fin à l'insurrection et même dans cette révolte, dirigée à l'inverse de la première, plutôt par les autonomistes que par les séparatistes, on retrouve encore la main des Etats-Unis. Les représentations que l'Union adressa en novembre 1875 au cabinet de Madrid sont la preuve que rien de ce qui se passait à Cuba ne lui était indifférent.

La première des réclamations des autonomistes est la réforme électorale.

Avec la loi actuelle, il faut justifier du paiement de 125 piastres de contribution unique pour être électeur et d'autre part le cumul des contributions n'est pas admis, c'est le suffrage restreint.

La Havane fournit trois sénateurs et les cinq autres provinces deux chacune. Le député cubain, qui représente le parti autonomiste, partisan du suffrage universel à la Chambre espagnole, est le député Lobra.

Voici sur quoi sont basées ces réclamations : l'impôt industriel est de 16 o/o environ, tandis que l'impôt foncier est de 2 à 3 o/o; or, la majorité des industriels et marchands sont membres des partis conservateurs de la colonie, tandis que les propriétaires petits et grands, les habitants des campagnes et ceux qui se sont adonnés aux carrières libérales, sont autonomistes (1).

Les autonomistes crient que cette différence de cens n'a d'autre but que de les écarter des élec-

____

(1) Sentrepéry : *L'Europe politique.*

tions, alors qu'il est logique que le commerce ou l'industrie rapportant plus que la terre l'impôt soit proportionnel au bénéfice réalisé. Les révolutionnaires n'ont d'ailleurs pas, malgré leur défaite, perdu tout espoir de voir réussir leurs projets, ils fomentent révolte sur révolte sans parler des événements présents.

Le 28 avril 1873, le Gouverneur de Cuba télégraphiait qu'un mouvement insurrectionnel s'était produit à Cuba, dans la province de Santiago, aux cris de : « Vive Cuba libre ! ». Le 1er mai, nouvelles bandes révolutionnaires, nouvelle dépêche.

On vit aussitôt la Chambre de commerce de La Havane et les représentants de l'île offrir leur concours au Gouverneur. Le chef du parti autonomiste lui-même se mit à sa disposition et vint communiquer les résolutions de la junte suprême du parti qui condamnait le mouvement et affirmait son dévouement à la Métropole.

Ce dernier fait prouve que ce soulèvement était

dû à des séparatistes plutôt qu'aux autonomistes. Son promoteur était d'ailleurs Antonio Maceo qui, en 1891, avait parcouru la partie orientale de l'île et était resté en relations avec les séparatistes de Holguin, de Santiago, de Cuba et de la Vuelta d'Abajo.

Ce sont d'ailleurs ces séparatistes qui s'étaient précédemment soulevés sans attendre le débarquement des volontaires promis par Maceo, volontaires venant naturellement des Etats-Unis et auxquels les troupes gouvernementales avaient infligé une défaite complète.

Le 4 mai le Gouverneur télégraphiait que le mouvement avait avorté.

Dans la révolte actuelle la plupart des insurgés sont des hommes de couleur. Ce sont d'ailleurs ces derniers qui forment à Cuba le parti des mécontents, trouvant que les blancs cubains ou continentaux sont trop favorisés à leur détriment. C'est l'histoire éternelle du domestique enrichi qui rêve de détrôner son maître; c'est aussi l'histoire des réformistes révolutionnaires qui prêchent les moyens extrêmes et qui n'envisagent nullement les conséquences, de ceux qui demandent le renversement des lois qui les gênent sans se préoccuper de celles qu'il faudra édicter pour les remplacer.

Dans la lettre de Vasquez dont nous avons déjà parlé (1), nous trouvons une des dernières proclamations d'un des chefs insurgés, Maximo Gomez. Elle est intéressante à citer :

ARTICLE PREMIER. — Les moulins à sucre seront totalement détruits, les cannes à sucre incendiées, les voies ferrées mises hors de service.

ART. 2. — Sera considéré comme traître, toute personne qui aura prêté ses services aux fabriques de sucre, sources de secours que nous devons enlever à l'ennemi.

ART. 3. — Tout individu soupçonné d'avoir enfreint l'article 2 sera passé par les armes.

____

(1) *Journal des Économistes*, tome xxv, page 232.

Art. 4. — L'entrée du lait, charbon, bois, four-
rage et autres produits du sol est interdite sous
peine de mort.

Nous avons dit plus haut que la presque totalité
des planteurs étaient autonomistes, mais quels
sont les Cubains qui seront lésés par l'exécution
des ordres des chefs insurgés? Quels seront ceux
qui se verront ruinés par l'incendie des champs
de cannes à sucre? Les autonomistes seuls. En
sorte que la révolution faite au nom de l'autonomie ruinera de préférence ceux au nom de qui
elle se produit.

Suivant Vasquez, la véritable raison de l'insurrection est économique et a trait aux droits de
douane. A ce sujet il cite une boutade attribuée à
Maceo, l'un des chefs de la révolution.

Les soldats voulaient brûler un poste de
douane :

« Présentez-lui les armes, c'est la meilleure
» alliée de la révolution, leur dit Macéo. »

« Hélas, ajoute Vasquez, la révolution peut
» réussir, les gouvernements peuvent changer,
» la douane restera avec ses employés et ses
» abus.

» La boutade de Maceo est des plus caractéris-
» tiques, mais il serait le premier, lui aussi, à
» adorer ce que les siens voulaient brûler. »

CONCLUSION

Ainsi que nous l'avons dit dans notre premier chapitre, nous n'avons pas fait acte de polémique ; nous avons énoncé des chiffres, des faits, des noms, des dates, qu'il est facile de vérifier.

Nous n'insisterons pas sur les preuves que ces documents fournissent en faveur de la tutelle espagnole sur l'île de Cuba. Elles sont indiscutables.

Le grand principe des insurgés est de se dire Américains (1) et de rejeter toute immixtion euro-

---

(1) Rafaël Merchan. Variétés. Bogota (Colombie), 1896. — Etude sur un ouvrage de Cespedès et série de lettres ouvertes adressées à Juan Valera, ambassadeur d'Espagne à Vienne.

péenne dans leur politique. Nous avons prouvé qu'il n'y avait pas d'Américains à proprement parler. Un Américain est de race anglaise, allemande, espagnole, française ou autres ; il peut résulter d'un croisement, mais n'en conserve pas moins dans les veines du sang européen.

Nous ne croyons pas à « Cuba libre » et nous sommes persuadés que du jour où Cuba se séparera de l'Espagne, elle courra à une ruine prochaine.

L'île est complètement ruinée en ce moment par la guerre actuelle ; combien de temps ne faudra-t-il pas pour rétablir le commerce, pour reformer les plantations de cannes à sucre, remettre en culture les champs de tabac !

L'Espagne n'a rien épargné pour Cuba, elle a pris une île inculte et en a fait la « Perle des Antilles » ; aujourd'hui encore elle ne ménage rien pour y ramener la paix et permettre aux transactions commerciales de reprendre leur libre essor.

Les vrais patriotes en ce moment ne sont pas les Cubains, ce sont les Espagnols.

Que l'on ne prenne pas cette opinion pour une flatterie, nous ne sommes pas seuls à penser ainsi et nous ne pouvons mieux terminer cette courte étude que par un passage du compte-rendu de l'Académie des Sciences morales et politiques, paru en août 1896, sous la signature de M. Lefèvre-Pontalis, au sujet des élections d'Espagne :

« Les rivalités électorales, écrit-il, ne pouvaient
» d'ailleurs manquer d'être d'autant plus paci-
» fiques qu'elles laissaient place dans les préoccu-
» pations politiques au plus grand mouvement de
» patriotisme dont l'Espagne donne l'admirable
» exemple, en se montrant résolument unie pour
» garder à tout prix la possession de Cuba. »

TABLE DES MATIÈRES

ACHEVÉ D'IMPRIMER

LE CINQ DÉCEMBRE MIL HUIT CENT QUATRE-VINGT-SEIZE

SUR LES PRESSES DE PAILLET ET GODEFROID

IMPRIMEURS A REINS